Włodzimierz Sochacki

Średniowiecze

Włodzimierz Sochacki

Średniowiecze

Wydawnictwo Druzus

Warszawa 2024

Warszawa 2024
Wydanie I

Wydawca:
Wydawnictwo Druzus

Wczesne średniowiecze

Cesarstwo wschodnie we wczesnym średniowieczu

Podboje Justyniana Wielkiego (527-565)

Wyprawa przeciw Wandalom

Zamiarem cesarza Justyniana była odbudowa cesarstwa rzymskiego w jego granicach sprzed upadku. Aby tego dokonać, musiał rozbić państwa germańskie powstałe w rejonie Morza Śródziemnego. Postanowił zacząć od Afryki północnej, gdzie znajdowało się państwo Wandalów. W roku 533 wojska dowodzone przez Belizariusza wylądowały w pobliżu Kartaginy i w pierwszej bitwie rozbiły główne siły Wandalów. Po kilku miesiącach walk państwo Wandalów przestało istnieć, a Afryka powróciła do rangi prowincji cesarstwa.

Pokonanie Ostrogotów

W r. 536 Justynian rozpoczął walkę z państwem Ostrogotów w Italii. Pretekstem do inwazji było uwięzienie, a następnie zamordowanie królowej Amalasunty, córki Teodoryka Wielkiego, przez jej męża Teodahada. Amalasunta znana była z pozytywnego nastawienia do cesarstwa, podczas gdy Teodahad był zwolennikiem zachowania pełnej niezależności od Konstantynopola. Armia dowodzona przez Belizariusza zaatakowała od strony Sycylii, zajmując z marszu Rzym. Mimo wielomiesięcznego oblężenia Ostrogoci, dowodzeni przez Witygesa (Teodahad został w międzyczasie odsunięty od władzy), nie byli w stanie odzyskać miasta i musieli odstąpić na wieść o wkroczeniu kolejnych oddziałów wschodniorzymskich do północnej Italii. Witygates skapitulował w r. 540, cesarstwo przejęło niemal całą Italię – Ostrogoci zachowali kadłubowe państwo na północ od rzeki Pad jako „sprzymierzeńcy" cesarza.

Wycofanie armii Belizariusza spowodowało jednak, że nowy, młody władca Ostrogotów Totyla wznowił walkę i wyparł Rzymian (*Romaioi* – tak siebie określali po grecku mieszkańcy cesarstwa) z Półwyspu Apenińskiego. Dopiero w r. 552 Justynian wysłał kolejną armię, którą dowodził Narzes. Rozgromił on w pobliżu Rzymu główne siły Ostrogotów, dowodzone przez Totylę (który zginął na polu walki). Narzes objął funkcję namiestnika włączonej do cesarstwa Italii.

Opanowanie południowej Hiszpanii

W tym samym czasie, wykorzystując walkę o tron w państwie Wizygotów, siły cesarstwa opanowały południową część Hiszpanii – Betykę. Był to najdalszy zasięg zdobyczy Justyniana na zachodzie.

Większość zdobyczy italskich Justyniana odebrali jednak pod koniec VI wieku Longobardowie, pod panowaniem Konstantynopola pozostał tylko Egzarchat Raweński, obejmujący północno-wschodnią część Italii. Przetrwał on do VIII wieku.

Reformy wewnętrzne Justyniana

Kodyfikacja prawa rzymskiego

Z polecenia Justyniana opracowany został w latach 533-536 *Corpus iuris civilis* – zbiór przepisów rzymskiego prawa cywilnego. Opublikowanie tego kodeksu miało decydujące znaczenie dla rozwoju nauki prawa rzymskiego w krajach średniowiecznej Europy, a tym samym kształtowania się europejskiej kultury prawniczej. Justynian zreformował także studia prawnicze, by dostarczały wysoko kwalifikowanych urzędników państwowych.

Walka z pogaństwem

Za swój obowiązek religijny uważał Justynian walkę z przejawami przedchrześcijańskiej kultury greckiej. W r. 529 nakazał likwidację słynnej Akademii Ateńskiej, założonej w IV wieku p.n.e. przez Platona. Prześladował filozofów nawiązujących do tradycji platońskiej. Symbolem potęgi chrześcijaństwa stała się świątynia Mądrości Bożej (Hagia Sophia), wybudowana w Konstantynopolu.

Problem nazwy Bizancjum

Cesarstwo wschodniorzymskie utraciło w II połowie VII wieku znaczne tereny na rzecz Arabów: odpadła Afryka północna oraz większa część terytoriów azjatyckich. W jego granicach pozostała Grecja, Macedonia, Azja Mniejsza, część Bałkanów oraz niewielkie przyczółki w Italii. Po stratach terytorialnych cesarstwo zyskało charakter jednolicie grecki. Utrata starych ośrodków chrześcijaństwa – Jerozolimy, Aleksandrii i Antiochii – które znalazły się pod panowaniem arabskim, przyczyniła się do zwiększenia znaczenia patriarchatu w Konstantynopolu.

Mieszkańcy cesarstwa wschodniego nie używali nazwy *Bizancjum* na określenie swojego państwa. Posługiwali się natomiast formułą *cesarstwo Rzymian* (*basileia ton Romaion*). Termin Bizancjum zaczął być powszechnie używany dopiero w XVI wieku.

Pozycja cesarza

Cesarz sprawował rządy absolutne, nosił tytuł *basileusa*. Był najwyższym wodzem, prawodawcą i sędzią, uchodził za namiestnika Bożego i władcę równego apostołom (*isapostolos*). Mieszkańcy cesarstwa wschodniego uważali, iż stoi on na czele wspólnoty chrześcijańskiej (*oikumene*) i z tego tytułu podlegają mu wszyscy chrześcijańscy władcy. Opozycja polityczna wobec cesarza traktowana była jak herezja. Cesarz zasiadał na szerokim, mogącym pomieścić dwie osoby tronie – co wynikało z przekonania, że współrządzi on z Chrystusem.

Cesarz był wszechobecny: jego portrety umieszczano w gmachach publicznych, w kościołach, na pieczęciach urzędowych, na znakach wojskowych.

Sposób wyboru cesarza

Władcy Bizancjum byli wybierani przez senat, a następnie zatwierdzani przez lud i wojsko. Jednak wybór przez senat był formalnością – decydowała wola panującego cesarza, postawa dowódców wojskowych lub intrygi dworskie. Często *basileus* po prostu wyznaczał swego następcę. Brak jednoznacznego mechanizmu sukcesji otwierał pole działania dla uzurpatorów: spośród 88 cesarzy bizantyjskich tylko 37 zmarło śmiercią naturalną.

Umocnienie władzy cesarza kosztem arystokracji

W wieku VII i VIII dwaj cesarze – Herakliusz i Leon III – przeprowadzili reformy, których celem było umocnienie despotycznej władzy cesarza kosztem arystokracji. Zaniechano wówczas rozdziału funkcji cywilnych i wojskowych, państwo podzielono na *temy*, na których czele stali stratedzy. Strateg był dowódcą wojskowym, szefem administracji i policji oraz sędzią zwierzchnim na swoim terenie. Wolne chłopstwo było podstawą rekrutowania armii, która miała charakter zawodowy. Utrzymaniu takiej armii służyło osadnictwo wojskowe rozwijające się od VII wieku.

System gospodarczy

Rola machiny biurokratycznej

W życiu społeczno-ekonomicznym cesarstwa wielką rolę odgrywała machina biurokratyczna: na przykład urzędnicy miejscy w Konstantynopolu regulowali wysokość cen i płac, wydawali licencje na prowadzenie działalności gospodarczej, kontrolowali eksport, obserwowali, czy poddani stosują się do nakazów religijnych. Biurokracja bizantyjska charakteryzowała się wielką sprawnością organizacyjną, dzięki niej państwo mogło sprawnie funkcjonować mimo ciągłych intryg politycznych i częstych przewrotów.

Konstantynopol jako ośrodek handlu

Podstawą dobrobytu cesarstwa był udział w handlu międzynarodowym. Konstantynopol stał się w IX i X wieku centrum wymiany luksusowych towarów sprowadzanych ze Wschodu i surowców przywożonych z Zachodu, w cesarstwie rozwijała się produkcja jedwabiu, której technologię przejęto od Chińczyków. Bizancjum do XI wieku słynęło ze stabilnych pod względem wartości złotych i srebrnych monet.

W porównaniu z ówczesną Europą zachodnią cesarstwo wschodnie było obszarem silnie zurbanizowanym: Konstantynopol liczył około miliona mieszkańców, dużymi miastami były także Antiochia i Saloniki.

Wolni chłopi

Ważną sferą gospodarki Bizancjum było również rolnictwo, opierające się aż do XI wieku na warstwie wolnych chłopów, którym sprzyjało ustawodawstwo państwowe. Stopniowe przeobrażanie wolnych chłopów w uzależnionych od arystokracji dzierżawców spowodowało, że stracili oni zainteresowanie sprawami państwa, przestali się czuć współobywatelami, co znalazło wyraz w osłabieniu zdolności militarnych cesarstwa. Doprowadziło to między innymi do druzgocącej porażki armii bizantyjskiej w bitwie z Turkami seldżuckimi pod Manzikert w Azji Mniejszej w roku 1071.

Kościół w Bizancjum

W Kościele bizantyjskim nie wykształciła się tak daleko posunięta struktura hierarchiczna, jak w chrześcijaństwie zachodnim. Patriarcha Konstantynopola był wprawdzie honorowym przywódcą duchowieństwa wschodniochrześcijańskiego, lecz poszczególne Kościoły narodowe zachowały pełną samodzielność (*autokefalia*). Kościół wschodni używał języków narodowych w liturgii, co przyczyniło się do rozwoju między innymi języka staro-cerkiewno-słowiańskiego.

Spór o ikony

W VIII wieku w Kościele bizantyjskim rozwinął się ruch ikonoklastów, czyli niszczycieli ikon. Uważali oni, że przedstawianie na obrazach wizerunków Chrystusa i świętych prowadzi do bałwochwalstwa. Stanowisko to spotkało się ze wsparciem ze strony cesarza Leona III (717-741), a przede wszystkim jego syna Konstantyna V (741-775).

Oprócz motywów doktrynalnych Konstantyn V kierował się w walce ze zwolennikami ikon także względami politycznymi: chciał zapewnić sobie ściślejszą kontrolę nad Kościołem wschodnim oraz dążył do osłabienia rosnącej pozycji monasterów. W efekcie konfliktu cesarz skonfiskował znaczną część własności klasztornej, a Kościół zakazał kultu ikon.

Zwycięstwo zwolenników ikon

Zakaz ten został zniesiony w r. 843, co oznaczało ostateczne zwycięstwo zwolenników ikon. Negatywne skutki konfliktu były jednak nie do naprawienia: zniszczeniu uległa większość ikon pochodzących sprzed VIII wieku (przetrwały jedynie ikony z takich miejsc, jak Italia i Palestyna), pogłębił się dystans między chrześcijaństwem wschodnim a zachodnim (Rzym odnosił się z dezaprobatą do ruchu ikonoklastów). Pozytywnym rezultatem sporu było ugruntowanie przywiązania mieszkańców Bizancjum do tradycji – było ono od tej pory tak mocne, że wschodniemu chrześcijaństwu przestały zagrażać herezje.

Kult ikon sprzyjał kontemplacji, która stała się istotą bizantyjskiej duchowości. Grzech postrzegano jako przejaw ignorancji i wierzono, że zbawienie może być osiągnięte na drodze iluminacji.

Kultura i nauka

Bizancjum uważało się za dziedzica kultury starożytnej Grecji i Rzymu, co znajdowało wyraz w studiowaniu filozofii Platona i Arystotelesa, pisarze bizantyjscy wzorowali się na prozie Tukidydesa. Kanon literatury greckiej przetrwał do czasów nowożytnych tylko dlatego, że był kopiowany przez bizantyjskich skrybów.

W cesarstwie wschodnim wykształcenie było dostępne także dla kobiet, co odróżniało Bizancjum zarówno od świata islamu, jak i od średniowiecznej Europy. Najsłynniejszą bizantyjską intelektualistką była księżna Anna Komnena, która napisała biografię swego ojca, cesarza Aleksego (1081-1118), obficie cytując przy tej okazji Homera i Eurypidesa.

Arabowie w VII-XIII wieku

Arabowie byli ludem pochodzenia semickiego, ich najwcześniejsze siedziby znajdowały się na Półwyspie Arabskim. Prowadzili koczowniczo-pasterski tryb życia, z czasem zaczęli także odgrywać rolę pośredników w handlu między Bliskim Wschodem a Azją. Trudne warunki naturalne panujące na Półwyspie Arabskim skłaniały ich do szukania nowych terenów pod osadnictwo.

Działalność Mahometa

Urodzony pod koniec VI wieku, Mahomet pochodził z wpływowego w Mekce rodu Korejszytów. Jako kierownik karawan kupieckich podróżował po krajach Bliskiego Wschodu, gdzie zetknął się z judaizmem i chrześcijaństwem.

Stworzył islam jako religię konsekwentnie monoteistyczną. Głosiła ona, że Allach przesądza z góry o losach każdego człowieka, dlatego należy bezwzględnie poddawać się woli bożej. Oprócz boga istnieją anioły i prorocy. Mahomet uważał się za proroka, następcę Abrahama i Jezusa.

W r. 622 Mahomet uciekł z Mekki do Medyny (*hidżra* – od tego momentu muzułmanie liczą nową erę), obawiał się bowiem o osobiste bezpieczeństwo. Wrogo byli do niego nastawieni bogaci kupcy z Mekki, natomiast islam zyskał poparcie warstw ludowych.

Do 631 roku Mahomet podporządkował sobie cały Półwysep Arabski, tworząc państwo teokratyczne.

Podboje arabskie za pierwszych kalifów

Po śmierci Mahometa (632) władzę objął kalif (zastępca zesłany przez Allacha) Abu Bakr (632-634), który był teściem Mahometa. Po nim władzę sprawował Omar (634-644).

Ekspansja Arabów za Omara

Za panowania Omara Arabowie zaatakowali perskie imperium Sassanidów. Do decydującej rozgrywki doszło latem 637 r. w bitwie pod Kadisiją, gdzie armia perska została rozgromiona, a król Jesdegard salwował się ucieczką. W ciągu roku siły wierne kalifowi zdobyły Mezopotamię, a następnie Iran, a Jesdegard został zamordowany przez nasłanego zabójcę.

W tym samym mniej więcej czasie Arabowie opanowali Syrię, należącą do cesarstwa bizantyjskiego. Wojska cesarza Herakliusza poniosły w r. 636 klęskę pod Jarmukiem, po której siły Omara sukcesywnie opanowywały kolejne syryjskie miasta. Ostatnie z nich, Cezarea, poddało się w roku 640.

W latach 639-642 cesarstwo wschodnie utraciło na rzecz kalifatu arabskiego Egipt. Podbój ten okazał się wyjątkowo łatwy, gdyż miejscowa ludność, niechętnie nastawiona do Konstantynopola, sprzyjała najeźdźcom.

Rozwój osadnictwa arabskiego i traktowanie podbitych ludów

Na podbitych terenach Omar rozpoczął zakładanie arabskich osad wojskowych, które obok znaczenia militarnego miały także służyć islamizacji ludności. Pierwszymi takimi ośrodkami były Basra i Kufa nad Eufratem oraz Fostat nad Nilem.

Podbite ludy, które pozostawały przy swoich wierzeniach religijnych, musiały płacić władcom arabskim wysokie podatki (gruntowy i pogłówny), były z niego natomiast zwolnione ludy, które przeszły na islam. Stało się to przyczyną szybkiej islamizacji całego imperium arabskiego.

Rozłam na sunnitów i szyitów

Po śmierci Omara kolejnym kalifem został Otman (644-656) z rodu Omajjadów. W okresie jego panowania rozgorzały walki między zwolennikami Omajjadów a zwolennikami Alego, zięcia Mahometa, którzy reprezentowali bardziej ortodoksyjne skrzydło islamu. Konflikt ten miał zarówno charakter rywalizacji personalnej (poplecznicy Alego uważali, że tylko on i jego krewni są prawowitymi spadkobiercami Mahometa), jak i doktrynalnej. Sojusznicy Omajjadów za źródło wiary uważali Koran – świętą księgę islamu podyktowaną przez Mahometa, składającą się ze 114 rozdziałów (sur) – oraz sunnę, czyli zbiór opowieści o czynach Proroka. Natomiast zwolennicy Alego odrzucali sunnę, traktując Koran jako jedyną podstawę wiary. W efekcie tej doktrynalnej kontrowersji doszło w islamie do rozłamu na sunnitów i szyitów.

W r. 656, po śmierci Otmana, kalifem został Ali, jednak po pięciu latach sprawowania władzy został zamordowany i władzę kalifa objął Muawija z rodu Omajjadów.

Kalifat Omajjadów (661-750)

Kalifat był islamską odmianą państwa teokratycznego. Dla muzułmanów kalif był zarówno najwyższym przywódcą religijnym, jak i politycznym.

Monarchia arabska

Omajjadzi przenieśli stolicę kalifatu do Damaszku (za pierwszych czterech kalifów znajdowała się ona najpierw w Medynie, a potem w Kufie). Kalifowie omajjadzcy upodobnili się do władców orientalnych. Stanowisko kalifa stało się dziedziczne w rodzie Omajjadów, chociaż formalnie nowy kalif był wybierany za życia swego poprzednika. Kalifat miał charakter monarchii arabskiej, w której z pełni praw korzystali jedynie Arabowie, zaś ludność niearabska nawet po przyjęciu islamu była dyskryminowana.

Ataki na Bizancjum

Po opanowaniu portów Syrii i Egiptu Arabowie posiedli umiejętność budowy okrętów i żeglowania, mogli więc odtąd atakować przeciwników zarówno z lądu, jak i z morza. Kilkakrotnie wojska Omajjadów atakowały Bizancjum – do najpoważniejszej próby sił doszło w latach 717-718, kiedy to przez prawie rok Arabowie oblegali Konstantynopol, zostali jednak pokonani przez cesarza Leona III. Około r. 695 w ich ręce wpadła Kartagina, co oznaczało zakończenie podboju Afryki północnej, należącej poprzednio do Bizancjum.

Podbój Hiszpanii

Następnym celem arabskiej ekspansji stała się Hiszpania. Arabom sprzyjał fakt nasilenia się konfliktów dynastycznych w państwie Wizygotów. Wykorzystując osłabienie tego państwa, w roku 711 siedmiotysięczny korpus ekspedycyjny dowodzony przez Tarika pokonał armię wizygocką pod Kadyksem. Na polu bitwy zginął król Wizygotów Rodryg, a pod panowaniem kalifatu Omajjadów znalazła się większość terytorium Półwyspu Iberyjskiego.

Arabowie zaczęli także atakować Galię: w r. 725 spustoszyli Prowansję i dolinę Rodanu, a około r. 730 wtargnęli na teren Akwitanii. Ich ekspansja została jednak powstrzymana przez państwo Franków.

Podboje na wschodzie

Na kierunku wschodnim około r. 662 podbity został Afganistan, w roku 671 wojska arabskie przekroczyły rzekę Oxus (Amu-darię w dzisiejszym Uzbekistanie), a następnie podbiły Bucharę, Samarkandę, Pendżab i zachodnią część chińskiego Turkiestanu.

Bunt szyitów

Do upadku Omajjadów doprowadził bunt, który wybuchł w roku 747 na wschodzie kalifatu, na terytorium Chorasanu (dzisiejszy północno-wschodni Iran). Zbuntowali się dyskryminowani przez elitę rządzącą muzułmanie pochodzenia niearabskiego, z których wielu wyznawało islam w wersji szyickiej. Gdy powstanie objęło w roku 749 Mezopotamię, na jego czele stanął prawnuk stryjecznego brata Mahometa, Abul Abbas. W Kufie, głównym mieście szyitów, został obwołany kalifem i wyruszył na czele swoich zwolenników przeciwko kalifowi z dynastii Omajjadów, Marwanowi II. W styczniu 750 r. rozegrała się bitwa nad Wielkim Zabu, dopływem Tygrysu, w której zwycięstwo odnieśli powstańcy. Pokonany Marwan zbiegł, ale wkrótce został wytropiony i zamordowany. Podobny los spotkał większość członków rodu Omajjadów.

Kalifat Abbasydów (750-1258)

Abul Abbas, założyciel dynastii Abbasydów, przeniósł stolicę kalifatu z Damaszku do Kufy. Jego następca w r. 762 ulokował stolicę w nowo zbudowanym Bagdadzie.

Wieloetniczna monarchia islamska

Kalifat pod panowaniem Abbasydów nabrał nowego charakteru: z państwa arabskiego przeobraził się w wieloetniczną monarchię islamską. Abul Abbas zrównał w prawach wszystkich wyznawców islamu, do elity władzy dopuścił przedstawicieli arystokracji perskiej i mezopotamskiej.

Wpływy perskie były widoczne w rozwiniętym ceremoniale dworskim. Kalif stał się osobą niedostępną dla zwykłego śmiertelnika, rolę pośrednika między kalifem a jego poddanymi odgrywał wezyr, sprawujący w imieniu kalifa pełnię władzy wykonawczej. Oprócz wezyra najwyższej rangi urzędnikami byli: *kadi*, czyli sędzia, komendant poli-

cji, skarbnik oraz naczelnik poczty, zajmujący się głównie
działalnością wywiadowczą.

Secesja Hiszpanii

W r. 755 oderwała się od kalifatu Abbasydów Hiszpania,
gdzie emirem Kordoby ogłosił się Abd-ar-Raman – jeden
z Omajjadów, który schronił się na Półwyspie Iberyjskim
przed prześladowaniami. Poparły go stacjonujące w Hiszpanii syryjskie oddziały wojskowe. W r. 929 Abd-ar-Raman
III (912-961) ogłosił się kalifem.

Dezintegracja państwa Abbasydów

W I połowie X wieku w Afryce północnej ukształtował się
szyicki kalifat Fatymidów – jego założycielem był Obeidal-
lah, potomek Fatimy, córki Mahometa. Dzięki poparciu
plemion berberyjskich mógł zerwać zależność od Damaszku.

Od X wieku kalifat Abbasydów zaczął ulegać postępującej dezintegracji, co było efektem nasilających się tendencji
separatystycznych oraz trudności gospodarczych, wynikających z wyjałowienia żyznej dotychczas doliny Eufratu
i Tygrysu. Obawiający się o swą władzę kalifowie otaczali
się tureckim wojskiem, które w konsekwencji wywierało
coraz większy wpływ na politykę, stopniowo podporządkowując sobie swych mocodawców. Kres kalifatowi Abbasydów położył najazd Mongołów, którzy pod dowództwem
Hulagu-chana zdobyli w r. 1258 Bagdad, mordując większość jego mieszkańców, w tym kalifa i jego rodzinę.

Gospodarka

Handel międzynarodowy

Wielką rolę w gospodarce kalifatu odgrywał handel mię-
dzynarodowy, jako że przez imperium arabskie przebiegały
szlaki z Europy do Indii, do wschodniej Afryki i Azji środ-

kowej, a także ze wschodu aż po Półwysep Iberyjski. Kupcy arabscy zapuszczali się też do Europy wschodniej, skąd przywożono niewolników, bursztyn, wosk i futra.

Rolnictwo

Arabowie upowszechnili na ogromnym obszarze techniki melioracyjne znane z Egiptu i Mezopotamii. Uprawiali trzcinę cukrową (w rejonie Zatoki Perskiej), daktyle (w Mezopotamii i Arabii), bawełnę (przede wszystkim w rejonie Samarkandy), len i konopie, drzewa morwowe (jako podstawę przemysłu jedwabniczego), ryż, a także szafran i indygo.

Rzemiosło

Damaszek i Toledo słynęły z produkcji wyrobów ze stali, głównie mieczy. Przemysł tkacki specjalizował się w produkcji kobierców i dywanów oraz wyrobów z gazy i adamaszku. Arabowie rozpoczęli wyrabiać z bawełny papier, który całkowicie wyparł na Bliskim Wschodzie papirus. Dzięki kupcom arabskim papier został upowszechniony w średniowiecznej Europie.

Kultura i nauka

Arabowie zasłynęli przede wszystkim z osiągnięć w naukach przyrodniczych i ścisłych. W medycynie upowszechnili stosowanie leczniczych ziół oraz wszelkiego rodzaju maści i wonnych olejków. Rozwinęli chemię eksperymentalną, co z kolei wpłynęło na rozwój farmakologii.

W matematyce rozpowszechnili pochodzące z Indii cyfry, które w Europie zostały nazwane arabskimi. Rozwinęli algebrę i trygonometrię.

Przetłumaczyli dzieła starożytnych myślicieli greckich. Ich ulubionym filozofem był Arystoteles, którego poglądy zainspirowały najwybitniejszych uczonych arabskich: Awicennę i Awerroesa.

Awicenna

Abu Ali al-Husain ibn Abdullah ibn Sina (980-1037), zwany w Europie Awicenną, żył w Bucharze w Azji Środkowej. Reprezentował w filozofii kierunek racjonalistyczny. Przeciwstawiając religię nauce, jednocześnie uznawał konieczność istnienia religii jako podstawy ładu społecznego i warunku sprawnego rządzenia. Awicenna był także wybitnym lekarzem, autorem wielu dzieł z dziedziny medycyny i farmakologii.

Awerroes

Ibn Ruszd (1126-1198), zwany w Europie Awerroesem, żył w kalifacie Kordoby. Pochodził z rodziny prawniczej, kształcił się w dziedzinie matematyki, filozofii, teologii, prawa i medycyny. Był najsłynniejszym w świecie arabskim komentatorem pism Arystotelesa.

Głosił pogląd, iż nieśmiertelność nie jest atrybutem indywidualnej duszy ludzkiej, lecz duszy Wszechświata. Po śmierci człowieka jego dusza zespala się z duszą Wszechświata, która była odpowiednikiem arystotelesowskiego *logosu*. Przywilej nieśmiertelności przysługuje więc całemu rodzajowi ludzkiemu, a nie poszczególnym jednostkom. Z tej tezy wypływał wniosek, że szczęście mogą ludzie znaleźć tylko w życiu doczesnym. Awerroes twierdził ponadto, iż nie istnieje sprzeczność między rozumem a wiarą, gdyż dotyczą one odmiennych wymiarów rzeczywistości.

Państwo Franków

Rządy dynastii Merowingów

Bitwa pod Soissons

Frankowie byli ludem germańskim, którego siedziby w V wieku znajdowały się w między Renem a Menem. Lud ten dzielił się na kilka szczepów. Władcą Franków salickich został w r. 484 Chlodwig z dynastii Merowingów. Jego celem stała się ekspansja na teren północnej Galii, gdzie władzę – jako rzymski *magister militium* – sprawował Sjargiusz. Chlodwig pozyskał dla swych planów poparcie innych szczepów frankijskich i zaatakował siły rzymskie w bitwie pod Soissons w roku 486. Sjargiusz poniósł klęskę, próbował schronić się u Wizygotów, jednak został przez nich wydany Chlodwigowi, który kazał go stracić. Państwo Franków objęło wówczas północną Galię z Paryżem, Reims i Orleanem.

Chrzest Chlodwiga

W Boże Narodzenie 496 r. Chlodwig wraz z trzema tysiącami swych wojowników przyjął w katedrze w Reims chrzest w obrządku rzymskim. Władca Franków stał się pierwszym katolikiem wśród monarchów germańskich – pozostali wyznawali chrześcijaństwo w wersji ariańskiej. Fakt ten miał istotne konsekwencje polityczne: Chlodwig zyskiwał sojusznika w osobie biskupa Rzymu, a także w zamieszkującej Galię ludności romańskiej, wyznającej katolicyzm. Dawało mu to przewagę nad innymi władcami germańskimi i czyniło z niego obrońcę Kościoła rzymskiego.

Zwycięstwo nad Wizygotami

W r. 507 Frankowie, posiłkowani przez Burgundów, pokonali w okolicach Poitiers Wizygotów i odebrali im południową Galię. W następnych latach pokonanych próbowali wesprzeć Ostrogoci panujący w Italii, jednak ich interwencja okazała się mało skuteczna – w r. 510 zawarty został pokój, na mocy którego do Państwa Franków przyłączono Akwitanię i Owernię, zaś Prowansję otrzymali Ostrogoci.

Po tym sukcesie Chlodwig miał na tyle mocną pozycję, że usunął innych władców frankijskich i stał się niekwestionowanym królem wszystkich Franków.

Rozdrobnienie Państwa Franków a monarchia patrymonialna

Po śmierci Chlodwiga w r. 511 Państwo Franków zostało podzielone między jego czterech synów – Teodoryka, Chlodomira, Childeberta i Chlotara. Temu ostatniemu udało się ponownie zjednoczyć państwo dopiero w r. 558, po śmierci pozostałych braci.

W II połowie VI wieku Państwo Franków wkroczyło w fazę ciągłych sporów dynastycznych i walk wewnętrznych. Po śmierci Chlotara I (w roku 561) zostało podzielone między jego synów: Gontran dostał Burgundię, Sigibert część wschodnią, czyli Austrazję, a Chilperyk część północną, czyli Neustrię. Od tego momentu władza centralna była coraz słabsza – Merowingowie zyskali opinię *królów gnuśnych*, gdyż nie interesowali się sprawami państwa, przekazując faktyczną władzę grupom możnowładców.

Rozdrobnienie terytorialne Państwa Franków wynikało z panującej wówczas (i charakterystycznej dla Europy wczesnego średniowiecza) formy ustrojowej: monarchii patrymonialnej (od *patrimonium* – majątek rodowy). Cechowała się się ona tym, że państwo uważane było za prywatną własność panującego i w związku z tym podlegało takim samym zasadom dziedziczenia, jak każdy majątek. W podziale spadku uczestniczyli więc wszyscy synowie zmarłego władcy. Na tym tle nieustannie dochodziło między spadkobiercami do konfliktów co do podziału terytorium państwa.

Chlotar II i Dagobert I

Ponownie zjednoczył państwo w r. 613 Chlotar II, syn Chilperyka, w czym pomogło mu wymarcie potomków Sigiberta. Syn Chlotara II, Dagobert I (629-639), uważany jest za ostatniego silnego i samodzielnego władcę z dynastii Merowingów. Za jego panowania Bizancjum zawarło (w roku 631) wieczysty pokój z Frankami. Dagobert walczył z Arabami w obronie chrześcijańskich państewek na północy Półwyspu Iberyjskiego, interweniował także w Italii. Klęską zakończyła się natomiast wyprawa wojsk Dagoberta przeciwko słowiańskiemu Państwu Samona w roku 632.

Rola majordomów

Po śmierci Dagoberta, wobec słabnięcia władzy królewskiej, coraz większą rolę polityczną zaczęli odgrywać możnowładcy sprawujący urząd majordoma. Majordomowie jeszcze w VI wieku zajmowali się tylko zarządzaniem dworem, później jednak ich kompetencje objęły także dowodzenie wojskiem i podejmowanie najważniejszych decyzji państwowych. Stali się oni faktycznie niekoronowanymi monarchami przy bezwolnych Merowingach. Rozbicie terytorialne Państwa Franków powodowało, że majordomowie z poszczególnych dzielnic (z których najważniejszymi były Austrazja, Neustria i Burgundia) prowadzili między sobą nieustanne walki.

Pepin z Heristalu

Urząd majordoma w Austrazji objął w r. 679 Pepin z Heristalu, pochodzący z możnego rodu Arnulfingów. Po ośmioletniej walce przyłączył Neustrię i Burgundię do Austrazji, odbudowując w ten sposób jedność państwa. Po śmierci

Pepina (714) Państwu Franków groził ponowny rozpad, lecz sytuację opanował syn Pepina, Karol Młot, który przejął urząd majordoma oraz rozbił opozycję w Neustrii i Burgundii. Ten moment uważa się za faktyczne przejęcie władzy przez dynastię Karolingów (od imienia Karola), jako że formalnie panujący królowie merowińscy zostali sprowadzeni do roli figurantów – najpierw Teodoryk IV, panujący w latach 720-737, a później Childeryk III.

Karol Młot

Na początku swoich rządów Karol Młot przywrócił frankijską zwierzchność nad Sasami, Bawarami i Alamanami, plemionami germańskimi żyjącymi po prawej stronie Renu, zmuszając ich do płacenia daniny.

Misja św. Bonifacego
Z inicjatywy Karola Młota i na polecenie papieża Grzegorza II na ziemiach germańskich rozpoczął w r. 723 działalność misyjną anglosaski biskup Wynfrith, znany pod łacińskim imieniem Bonifacego. Działał on na terenie Hesji i Turyngii, za zasługi na polu chrystianizacji został w roku 732 wyświęcony na arcybiskupa.

Powstrzymanie ekspansji arabskiej – bitwa pod Poitiers
W r. 721 na teren dawnej Galii wtargnęli z Półwyspu Iberyjskiego Arabowie, zagrażając Tuluzie, stolicy Akwitanii (Akwitania, niegdyś należąca do Państwa Franków, była od r. 670 niezależnym księstwem). Odparci spod Tuluzy, zaczęli pustoszyć dolinę Rodanu i dotarli do Autun w Burgundii, niszcząc w r. 725 to miasto. W 732 ponownie najechali Akwitanię, zdobywając Bordeaux i podchodząc pod Poitiers. Samego miasta nie udało się Arabom zdobyć, spalili jedynie zabudowania za murami. Ich atak ruszył następ-

nie w stronę miasta Tours. Książę Akwitanii Odo wezwał wówczas na pomoc Karola Młota, który pokonał najeźdźców w bitwie w połowie drogi między Poitiers a Tours.

Bitwa ta spowodowała, iż ataki arabskie na dawną Galię stały się znacznie słabsze, zniknęło więc niebezpieczeństwo dalszej ekspansji islamu na Europę. Do takiego rozwoju wydarzeń przyczyniło się jednak nie tylko zwycięstwo Karola Młota, ale także wewnętrzne problemy emiratu Kordoby, gdzie nasiliły się bunty charydżytów – skrajnie ortodoksyjnej sekty islamskiej.

Pepin Mały

Po śmierci Karola Młota, w r. 741 Państwo Franków zostało podzielone między jego dwóch synów: Karloman otrzymał Austrazję, zaś Pepin Mały Neustrię, Burgundię i Prowansję. W 747 Karloman zrezygnował z urzędu majordoma, wyjechał do Rzymu i wstąpił tam do klasztoru. Pełnię władzy w Państwie Franków przejął wtedy Pepin Mały.

Koronacja

Pepin postanowił w r. 750 sięgnąć po koronę królewską, by usankcjonować od dawna istniejący stan faktyczny. Potrzebował jednak mocnej podstawy prawnej, by zneutralizować ewentualną opozycję. Wysłał więc poselstwo do papieża Zachariasza z prośbą o rozstrzygnięcie, komu należy się władza królewska w Państwie Franków: czy temu, kto ją faktycznie dzierży, czy też temu, kto odziedziczył ją po przodkach, ale nie odgrywa w państwie żadnego znaczenia (czyli Childerykowi III).

Papież Zachariasz, któremu zależało na pomocy Pepina w obliczu zagrożenia Rzymu przez Longobardów, wydał werdykt korzystny dla majordoma. Mając takie wsparcie, Pepin zwołał w roku 751 w Soissons zjazd możnowładztwa frankijskiego, na którym ogłosił się królem. Nowego monarchę namaścił św. Bonifacy, dzięki czemu jego władza zyskała sankcję boską. Ostatni król merowiński Childeryk III został ostrzyżony (długie włosy były symbolem mocy królewskiej) i zamknięty w klasztorze.

Pokonanie Longobardów i powstanie Państwa Kościelnego

W 751 r. Longobardowie, mający swoje królestwo w północnej Italii, zdobyli należącą do Bizancjum Rawennę i zaczęli zagrażać Rzymowi. Nowy papież Stefan II schronił się w r. 754 w Państwie Franków i poprosił Pepina Małego o pomoc militarną, nadając mu tytuł patrycjusza Rzymian (*patricius Romanorum*), zobowiązującego do opieki nad Wiecznym Miastem. W dwóch wyprawach do Italii – w 754 i 756 – Pepin rozbił siły króla Longobardów Aistulfa i zmusił go do oddania Stolicy Apostolskiej obszaru dawnego egzarchatu raweńskiego oraz Romanii. Z ziem tych zostało utworzone Państwo Kościelne.

W r. 768 Pepin wcielił Akwitanię do Państwa Franków po tym, jak miejscowy książę zginął na polu bitwy. Umierając w tym samym roku na febrę, Pepin podzielił państwo między swoich dwóch synów: Karola (Austrazja, Neustria i zachodnia Akwitania) i Karlomana (Prowansja, wschodnia Akwitania, Alzacja, Alamania).

Panowanie Karola Wielkiego (768-814)

Po niespodziewanej śmierci Karlomana w roku 771, Karol objął władzę nad całością terytorium Państwa Franków.

Ostateczne rozbicie Longobardów

W r. 772 Rzymowi zagroził król Longobardów Dezyderiusz. Karol pozytywnie odpowiedział na prośbę papieża Hadriana o pomoc i wysłał w roku 773 do Italii swoją armię. Frankowie oblegli Pawię, w której bronił się król Longobardów. W czerwcu 774 Dezyderiusz skapitulował. Karol pozbawił go władzy i sam przyjął tytuł króla Longobardów, wcielając do Państwa Franków terytorium longobardzkie.

Wojna z Sasami

W r. 772 Karol rozpoczął serię wojen z pogańskimi Sasami, którzy pustoszyli przygraniczne, nadreńskie tereny Państwa Franków. Początkowo wojny te miały charakter ekspedycji karnych, jednak od r. 779 Karol przystąpił do podboju ziem Sasów oraz ich chrystianizacji. Ekspansja ta miała bardzo krwawy charakter: Karol kazał palić wioski saskie, liczne grupy Sasów przesiedlano w głąb Galii. Nowa granica Państwa Franków została ustalona na rzece Łabie. Przywódca saskiego oporu Widukind poddał się w 785 i przyjął chrzest, co zakończyło podbój Saksonii.

W roku 788 Karol inkorporował Bawarię, pozbawiając władzy księcia Tassilona, który został zamknięty w klasztorze. Po aneksji Bawarii Frankowie weszli w bezpośredni kontakt z Awarami, których państwo obejmowało terytorium dzisiejszych Węgier, Czech, Słowacji i Rumunii.

Rozbicie Awarów

Awarowie byli ludem koczowniczym pochodzenia tureckiego, przybyli do Europy z Azji Środkowej w połowie VI wieku. Centrum ich osadnictwa stała się Nizina Panońska. Podporządkowali sobie miejscową ludność słowiańską, tworząc państwo, w którym byli elitą rządzącą. Byli doskonałymi jeźdźcami, w Europie jako pierwsi upowszechnili żelazne strzemiona.

Karol rozprawił się z Awarami w latach 791-796, niszcząc siedzibę chana awarskiego i zmuszając awarskich możnych do ucieczki do Bułgarii, gdzie ówczesna miejscowa elita władzy była spokrewniona z Awarami. Większość terytorium rozbitego chanatu została wcielona do Państwa

Franków. Utworzono tam trzy marchie: awarską, friulską i wschodnią.

Marchia hiszpańska

Po południowej stronie Pirenejów Karol utworzył w r. 795 marchię hiszpańską, sąsiadującą z chrześcijańskim królestwem Asturii (które było pozostałością królestwa Wizygotów).

Umocnienie pozycji papieża

W r. 800 Karol przybył do Rzymu, by rozstrzygnąć spór między papieżem Leonem III a możnowładcami rzymskimi. Król Franków skłonił papieża do złożenia publicznej przysięgi oczyszczającej (przeciwnicy zarzucali Leonowi III między innymi cudzołóstwo i krzywoprzysięstwo), po czym skazał przeciwników papieża jako oszczerców na śmierć, zamieniając im tę karę na banicję w Galii.

Odnowienie cesarstwa rzymskiego

Wdzięczny za korzystne dla niego rozstrzygnięcie konfliktu papież Leon III 25 grudnia 800 r. w bazylice św. Piotra włożył na głowę Karola koronę cesarską, a zgromadzony lud zgodnie z ceremoniałem bizantyjskim wzniósł okrzyk: *Karolo piissimo augusto, a Deo coronato, magno et pacifico imperatore, vita et victoria – Karolowi najpobożniejszemu i najjaśniejszemu, koronowanemu przez Boga, wielkiemu i przynoszącemu pokój cesarzowi, życie i zwycięstwo.*

Koronacja Karola Wielkiego (bo taki przybrał przydomek od tego momentu) spotkała się z dezaprobatą w Bizancjum, uważającym się za jedynego spadkobiercę starożytnego cesarstwa rzymskiego. Karol uznany został w Konstantynopolu za uzurpatora. Postanowił odpowiedzieć na ten zarzut zbrojnie i w r. 810 zajął należącą do cesarstwa wschodniego Wenecję i Dalmację. To dopiero skłoniło Bizancjum do rokowań, w wyniku których w r. 812 Konstantynopol uznał cesarski tytuł Karola w zamian za zwrot Wenecji i Dalmacji. Usankcjonowane więc zostało istnienie dwóch cesarstw w świecie chrześcijańskim.

Ustrój państwa Karola Wielkiego

Państwo Franków nie miało formalnej stolicy – dwór władcy podróżował razem z nim, jako że władca miał obowiązek objeżdżania wszystkich swoich domen. W czasie pobytu dworu na danym terenie miejscowa ludność miała obowiązek utrzymywać go. Przy słabości gospodarczej państwa taki system gwarantował równe obciążenie tym obowiązkiem poszczególnych regionów.

Pod koniec życia Karol Wielki najczęściej przebywał w Akwizgranie. Zbudował tam pałac oparty na wzorach klasycznych, ze słynną oktogonalną (ośmiokątną) kaplicą.

Wiece

Z tradycji germańskiej pozostały coroczne wiece rycerstwa z udziałem władcy, pełniące rolę przeglądu wojsk. Dwa razu w roku – na wiosnę i na jesieni – Karol zwoływał zjazdy możnowładztwa świeckiego i duchownego, podczas których przedstawiał swoje plany polityczne. Opinie możnych miały charakter wyłącznie doradczy.

Organizacja terytorialna

Monarchia Karola Wielkiego składała się z około 700 hrabstw, którymi zarządzali mianowani i odwoływani przez władcę hrabiowie. Mieli oni obowiązek co roku składać na dworze sprawozdanie. Z ziem królewskich otrzymywali beneficja, z których się utrzymywali. Przysługiwała im także trzecia część grzywien sądowych należnych władcy.

Ziemie leżące na kresach państwa zorganizowane były w marchie. Zarządzali nimi margrabiowie, którym przysługiwała szeroka autonomia. Pod koniec panowania Karola istniały marchie awarska, friulska, duńska, hiszpańska i bretońska.

Inspekcje w terenie przeprowadzali wysłannicy cesarscy (*missi dominici*). Wysłuchiwali oni skarg miejscowej ludności i informowali monarchę o nadużyciach miejscowej władzy.

Gospodarka

Autarkia

Gospodarka Państwa Franków miała w przeważającej mierze charakter autarkiczny, czyli samowystarczalny. Podstawą egzystencji było rolnictwo, zaś handel rozwijał się w minimalnym zakresie. Jego przedmiotem były przede wszystkim nadwyżki żywności w rejonach, gdzie akurat w danym roku wystąpił urodzaj, oraz sól i inne surowce mineralne.

Wenecja i Fryzja

Na obszarze państwa Karola Wielkiego istniały dwa ośrodki handlowe o charakterze międzynarodowym: Wenecja, specjalizująca się wówczas w handlu niewolnikami, oraz Fryzja, słynąca z wyrobów włókienniczych, głównie z produkcji płaszczy wełnianych (*pallia fresonica*), noszonych przez ludzi bogatszych. Działali również kupcy wędrowni, głównie żydowscy pochodzący z krajów muzułmańskich, którzy handlowali towarami orientalnymi – materiałami odzieżowymi, przyprawami, wyrobami ze złota i kości słoniowej – oraz zajmowali się skupem niewolników.

System monetarny

System monetarny opierał się początkowo na złotych solidach z czasów rzymskich. Wobec słabości gospodarki europejskiej solidy odpływały jednak na wschód i zaczęło brakować pieniędzy w obiegu. W tej sytuacji Karol Wielki przeprowadził reformę monetarną, ustanawiając jako oficjalną walutę srebrnego denara. Do obiegu weszły także półdenary, czyli obole. Rzymski solid służył od tego czasu jako jednostka obrachunkowa, licząca 12 denarów.

Rozpad monarchii Karola Wielkiego

Panowanie Ludwika Pobożnego

Po śmierci Karola Wielkiego władzę cesarską przejął jego syn Ludwik Pobożny (814-840). Nie miał on charyzmy swojego ojca, dawał się wciągać w intrygi dworskie, nie potrafił okiełznać możnowładców. W rezultacie coraz silniej zaczęły występować w Państwie Franków tendencje odśrodkowe. Temu wewnętrznemu osłabieniu sprzyjały czynniki zewnętrzne: nasilające się najazdy Normanów, którzy pustoszyli tereny w rejonie Morza Północnego, a także Arabów, coraz częściej przekraczających Pireneje.

Wzmocnienie pozycji papiestwa

Nowym elementem było względne usamodzielnienie się papiestwa, które za Karola Wielkiego było w pełni kontrolowane przez cesarza. Następca Leona III, Stefan IV, który zasiadł na tronie papieskim w r. 816, poinformował o tym jedynie cesarza, nie prosząc go o zatwierdzenie tego wyboru. Następnie przybył do Państwa Franków i w październiku 816 przeprowadził w katedrze w Reims ceremonię cesarskiej koronacji Ludwika. Od tego wydarzenia w Rzymie obowiązywała wykładnia, że koronacja cesarska bez udziału papieża jest nieważna.

Traktat w Verdun

Po śmierci Ludwika Pobożnego w r. 840 rozgorzała walka o schedę między jego synami. Dwaj młodsi bracia – Karol i Ludwik – sprzymierzyli się przeciwko najstarszemu Lotarowi, który przejął po ojcu tytuł cesarski. Lotar pod naporem armii braci musiał uciekać na południe i szukać schronienia w Lyonie – i dopiero wówczas zdecydował się na rokowania pokojowe. Ich efektem było podpisanie w sierpniu 843 r. traktatu w Verdun, w wyniku którego monarchia karolińska została podzielona na trzy części: Lotar otrzymał Italię oraz pas ziem łączących Alpy z Morzem Północnym, Karol (zwany Łysym) otrzymał Galię (późniejszą Francję), Ludwik Niemiecki wschodnią część monarchii zamieszkaną przez plemiona germańskie.

Niemcy i cesarstwo Ottonów

Panowanie Ludwika Niemieckiego

Walki ze Słowianami

Po rozpadzie Państwa Franków władca jego wschodniej części Ludwik Niemiecki skierował swoją ekspansję na wschód, na ziemie zamieszkane przez Słowian. Jego celem stały się plemienne państwa Obodrzyców i Serbów Łużyckich, a także tereny czeskie. Wyprawy przedsięwzięte w latach 846-849 zakończyły się klęską i Ludwik musiał czasowo zaniechać swych planów. Jednak już w roku 855 zaatakował Państwo Wielkomorawskie – wyprawa i tym razem zakończyła się klęską, a oddziały wielkomorawskie w odwecie spustoszyły pograniczne ziemie frankijskie. Również późniejsze wyprawy przeciwko Morawianom nie przyniosły efektów i w latach 70. IX wieku Państwo Wielkomorawskie ugruntowało swą niezależność.

W r. 862 państwo wschodniofrankijskie najechali po raz pierwszy Węgrzy, koczujący na stepie nad Morzem Czarnym.

Podział państwa Lotara

Po śmierci Lotara II, który nie pozostawił po sobie legalnego potomka, jego stryjowie Ludwik Niemiecki i Karol Łysy w r. 870 podzielili między siebie na zjeździe w Meersen Lotaryngię.

Dynastia karolińska i saska w Niemczech

Ostatnim władcą ze wschodniej – niemieckiej – linii dynastii Karolingów był Ludwik Dziecię (900-911), który w chwili wstąpienia na tron miał siedem lat, więc rządy w jego imieniu sprawowała rada regencyjna.

Najazdy Węgrów

W r. 907 Węgrzy pokonali armię niemiecką w bitwie pod Preszburgiem (Bratysławą), zginął wówczas margrabia Liutpold, a marchia wschodnia, leżąca między Dunajem a rzeką Enns, ostatecznie przeszła w ręce najeźdźców. Tym samym granica wschodnia dawnego państwa Franków cofnęła się do stanu sprzed zwycięstwa Karola Wielkiego nad Awarami.

W następnych latach Węgrzy wielokrotnie najeżdżali państwo niemieckie, doprowadzając do jego dezintegracji. Śmierć osiemnastoletniego Ludwika (w r. 911) nastąpiła w momencie, gdy odżyły z dużą siłą dawne separatyzmy lokalne.

Węgrzy – lud pochodzenia ugrofińskiego – osiedlili się na Nizinie Panońskiej w dorzeczu Cisy wyparci z terenów nad Morzem Czarnym, między Dnieprem a Donem, przez również koczowniczych Pieczyngów. Przybycie Węgrów do nowych siedzib miało miejsce jesienią 895 lub wiosną 896 r. Po raz pierwszy zapoznali się z tym obszarem w roku 892, gdy władca wschodniofrankijski Arnulf wezwał ich do pomocy w walce z wielkomorawskim Świętopełkiem.

W r. 894 najechali Panonię już na własną rękę. Legendarnym przywódcą sojuszu siedmiu plemion madziarskich (węgierskich), który przywiódł je do nowej ojczyzny, był Arpad – założyciel państwa węgierskiego i pierwszej dynastii. Madziarzy organizowali wyprawy łupieżcze aż po Atlantyk i Morze Północne – historycy doliczyli się 33 takich wypraw między rokiem 898 a 955. Złupione wówczas zostały między innymi Brema, Orlean, Cambrai, Nimes. Węgrzy posługiwali się wyłącznie lekką jazdą uzbrojoną w łuki, ubraną w skórzane zbroje i hełmy.

Konrad książę Frankonii

Po śmierci Ludwika Dziecięcia książęta plemienni wybrali na władcę wschodniofrankijskiego Konrada księcia Frankonii (911-918), spokrewnionego z dynastią Karolingów, co świadczy, iż silna jeszcze była w części wschodniej dawnego Państwa Franków tradycja karolińska. Separatyzmy lokalne okazały się jednak na tyle żywe, że wybuchła wojna domowa między Konradem a księciem Sasów – największego plemienia germańskiego na wschód od Renu – Henrykiem, którego poparli Bawarczycy i Szwabowie.

Henryk Ptasznik

Następcą Konrada został właśnie Henryk I Ptasznik (919-936). Poparli go nie tylko Sasi, ale również Frankowie i Szwabowie. Bawarzy obwołali królem swojego księcia, Arnulfa, i dopiero po dwóch latach uznali władzę królewską Henryka, za cenę zaakceptowania przez niego daleko posuniętej samodzielności księstw plemiennych. Ukształtował się model królestwa niemieckiego jako państwa składającego się z odrębnych organizmów – księstw plemiennych.

Za panowania Henryka Ptasznika, pierwszego na tronie królewskim przedstawiciela dynastii saskiej, nastąpiło ostateczne zerwanie z tradycją frankijską i zaczęła się kształtować tożsamość niemiecka. Pojawiło się określenie *królestwo niemieckie* (*regnum teutonicorum*) – najstarszy zapis tej nazwy pochodzi z r. 920.

Ekspansja Niemiec za Ottona I

Chcąc utrzymać jedność państwa, Henryk budował ją na solidarności w walce z wrogami zewnętrznymi. Odebrał zachodniofrankijskim Karolingom Lotaryngię, wyprawiał się przeciwko Słowianom, ale przede wszystkim opierał się najazdom węgierskim. W r. 924 zawarł z Węgrami dziewięcioletni pokój, wykorzystując jako kartę przetargową wzięcie do niewoli jednego z węgierskich wodzów plemiennych.

Granica na Łabie

Na obszarach odebranych Słowianom Henryk Ptasznik budował grody jako punkty obronne, a jednocześnie skupiska rycerstwa. Tak powstały między innymi Merseburg i Kwedlinburg, które później stały się ważnymi miastami.

Wschodnią granicę Niemiec Henryk przesunął za Łabę. W roku. 929 pokonał w bitwie pod Łączynem (Lenzen) zachodniosłowiańskich Obodrzyców. Stworzył marchię miśnieńską oraz zdobył gród Lubusza na Łużycach, zbliżając się do linii Odry.

Germanizacja ziem słowiańskich

Jeszcze za swego życia Henryk I doprowadził do wyboru na króla Niemiec swojego syna Ottona I (936-973). Dążąc do wzmocnienia władzy królewskiej, Otton I już na początku swego panowania wywołał wojnę domową, podczas której udało mu się spacyfikować władców księstw lub zastąpić ich swoimi protegowanymi.

Otton I rozpoczął akcję systematycznej germanizacji ziem słowiańskich. Służyć temu miało tworzenie marchii na podbitych terenach, a także szerzenie akcji chrystianizacyjnej. W r. 948 utworzone zostały na ziemiach połabskich biskupstwa w Brandenburgu i Hawelbergu w ramach niemieckiej prowincji kościelnej. W r. 950 Otton wyprawił się na Czechy, zmuszając księcia Bolesława do uznania zwierzchnictwa niemieckiego. Od tego czasu Czesi musieli płacić władcy Niemiec coroczny trybut i na wezwanie dostarczać kontyngentu rycerstwa.

Pokonanie Węgrów nad rzeką Lech

Największym sukcesem militarnym Ottona I było rozbicie w roku 955 sił węgierskich w bitwie nad rzeką Lech na pograniczu Bawarii i Szwabii, niedaleko Augsburga. Zwycięstwo to ostatecznie położyło kres najazdom Węgrów i doprowadziło do wznowienia ekspansji niemieckiej na południowy wschód.

Odnowienie cesarstwa

Papiestwo w stanie zagrożenia

W r. 960 na dwór Ottona I w Ratyzbonie przybyli wysłannicy papieża Jana XII, ofiarowując mu w imieniu głowy Kościoła katolickiego koronę cesarską w zamian za zapewnienie bezpieczeństwa Państwu Kościelnemu. Było ono zagrożone ze strony feudałów włoskich, dążących do włączenia jego terytorium do swych posiadłości. Na sejmie w Wormacji w maju 961 r. Otton I zapowiedział swą wyprawę do Italii po koronę cesarską, jednocześnie doprowadził do wyboru swojego małoletniego syna Ottona na króla Niemiec.

W styczniu 962 r. Otton I wkroczył do Italii. Najpierw pokonał wojska króla Włoch Berengara, a następnie w Mediolanie włożył na swą głowę koronę króla Italii.

Koronacja Ottona I

2 lutego 962 r. odbyła się w bazylice św. Piotra w Rzymie koronacja Ottona I na cesarza. Po tej ceremonii cesarz ogłosił *pactum Ottonianum* – dekret określający zasady stosunków między cesarstwem a papiestwem. Cesarz miał każdorazowo odbierać przysięgę od nowego papieża jeszcze przed otrzymaniem przez niego sakry. Oznaczało to możliwość utrącenia wszelkich kandydatów do tronu Piotrowego, którzy nie cieszyli się zaufaniem cesarza. Jednocześnie Otton I potwierdził wszystkie poprzednie nadania cesarskie ziem Państwu Kościelnemu oraz obiecał rewindykację na rzecz papiestwa ziem w południowych Włoszech.

Tytulatura cesarska

Otton I nie używał jeszcze tytułu cesarza rzymskiego. W oficjalnych dokumentach tytułował się *imperator augustus*. Dopiero jego następca, Otton II, przyjął tytuł *Romanorum imperator augustus*. Nazwa *Imperium Romanum* (*Cesarstwo Rzymskie*) jest jeszcze późniejsza – pochodzi z XI wieku. Dwa wieki później zaczęło funkcjonować określenie *Sacrum Romanum Imperium* (*Święte Cesarstwo Rzymskie*). Formuła *Cesarstwo Rzymskie Narodu Niemieckiego* pojawiła się po raz pierwszy w dokumencie z r. 1486.

Panowanie Ottona II (973-983)

Bunt Henryka Kłótnika

Otton II został koronowany na cesarza w Rzymie w grudniu 967 r., za życia i z inicjatywy swego ojca. Miało to zapewnić młodemu Ottonowi niekwestionowaną pozycję od początku jego panowania. Ta gwarancja okazała się jednak niewystarczająca – przeciwko Ottonowi II od razu zbuntował się książę bawarski Henryk Kłótnik, któremu udało się uzyskać poparcie między innymi Czech i Polski. Buntownik został pokonany w r. 978 i uwięziony w Utrechcie, a Bolesław czeski musiał ukorzyć się przed cesarzem. Biskupem praskim cesarz uczynił Wojciecha Sławnikowica, swojego krewnego, co wzmocniło wpływy cesarskie w Pradze.

Nieudana ekspansja na południe

W r. 980 Otton II przybył do Italii z zamiarem wyprawienia się przeciwko Arabom, do których należała Sycylia oraz południowe rejony Półwyspu Apenińskiego. W r. 982 wojska Ottona zdobyły bizantyjskie porty Tarent i Bari, a następnie zaatakowały oddziały emira Palermo w bitwie koło Przylądka Colonne. Bitwa ta zakończyła się całkowitą klęską armii Ottona, sam cesarz ledwo uszedł z życiem. W ten sposób załamały się cesarskie plany ekspansji na południe.

Bunt Słowian połabskich

Na wieść o klęsce cesarza do walki poderwali się Słowianie połabscy, zrzucając zwierzchnictwo niemieckie. Oddziały księcia Obodrzyców Mściwoja – biorącego wcześniej udział w wyprawie włoskiej Ottona II – spustoszyły Hamburg, zniszczone zostały biskupstwa w Brandenburgu i Hawelbergu, z trudnością zagrożeniu zdołał się oprzeć Magdeburg.

W grudniu 983 r. 28-letni Otton II zmarł w Rzymie prawdopodobnie na malarię.

Panowanie Ottona III (983-1002)

Regencja cesarzowej Teofano

Regencję przy małoletni (miał wtedy trzy lata) Ottonie III objęła cesarzowa Teofano, wdowa po Ottonie II. Pochodziła ona z Bizancjum, była bratanicą cesarza wschodniego Nicefora II Fokasa. Początkowo przeciwko jej regencji wystąpił Henryk Kłótnik, lecz jednoznacznie poparli ją hierarchowie kościelni – arcybiskup Moguncji Willigis i arcybiskup Reims Adalbert – co przesądziło o porażce opozycji.

Regentka doprowadziła do poprawy stosunków z Bizancjum, bardzo złych za Ottona II. Spacyfikowała buntujące się Czechy, zmuszając je do płacenia trybutu. W r. 986 przyjęła w Kwedlinburgu Mieszka I, który został zaliczony do grona przyjaciół cesarstwa. Po śmierci cesarzowej Teofano w r. 991 regencję przejęła babka Ottona III Adelajda wraz z radą możnowładców, wśród których największym prestiżem cieszył się arcybiskup Moguncji Willigis.

Koronacja Ottona III

W r. 995 piętnastoletni Otton III po pasowaniu na rycerza objął rządy osobiste. W następnym roku koronował się w Rzymie na cesarza. Koronacji dokonał papież Grzegorz V (996-999), na krótko przed ceremonią osadzony na Stolicy

Piotrowej przez Ottona. Papież ten był pierwszym Niemcem na tym urzędzie (Brun, syn księcia Karyntii Ottona).

Głównym doradcą i mentorem młodego cesarza był arcybiskup Rawenny Gerbert, uczony przekonujący Ottona III o możliwości odbudowy cesarstwa o charakterze uniwersalnym, na wzór starożytny. Po śmierci papieża Grzegorza V sprawował on najwyższy urząd w Kościele jako Sylwester II (999-1003).

Wizja cesarstwa uniwersalnego

Według wizji Ottona III jego cesarstwo miało zjednoczyć cały świat chrześcijański. Na swoją stolicę cesarz wyznaczył Rzym, chociaż rolę drugiej siedziby wyznaczył Akwizgranowi. W tej koncepcji nie było miejsca ani na istnienie samodzielnego Państwa Kościelnego – najwyższa hierarchia kościelna miała być całkowicie podporządkowana cesarzowi jako *słudze apostołów* – ani na istnienie odrębnego cesarstwa w Bizancjum. Do cesarza miała należeć władza najwyższa zarówno w sprawach świeckich, jak i kościelnych, papież miał być jedynie jego pomocnikiem w kwestiach religijnych. Cesarstwo składałoby się z równoprawnych części: Italii, Germanii, Galii i Słowiańszczyzny, każda z części miałaby własnego króla, a cesarz występowałby w roli władcy zwierzchniego i mediatora. W ceremoniale dworskim zaczął wyraźnie nawiązywać do tradycji starożytnej, odchodząc od tradycji germańskiej.

Otton III opowiadał się za tworzeniem samodzielnych metropolii kościelnych w nowych państwach chrześcijańskich – w Polsce, na Węgrzech, w Czechach. W r. 1000 na spotkaniu z Bolesławem Chrobrym w Gnieźnie zgodził się na powstanie w tym mieście arcybiskupstwa i na koronację polskiego władcy.

Jego poglądy na cesarstwo spotkały się z silną opozycją w Niemczech, których rola jako obszaru dominującego

miała być zniesiona. Możnowładcom germańskim nie odpowiadała koncepcja cesarstwa jako federacji równoprawnych ludów.

Przedwczesna śmierć Ottona III (zmarł w r. 1002 w Italii
prawdopodobnie na dur brzuszny) zaprzepaściła szanse na
realizację jego wizji. Królem Niemiec został wybrany syn
Henryka Kłótnika, Henryk II Bawarski, zwolennik germańskiego charakteru cesarstwa.

Wyprawy Normanów

Przyczyny wypraw

Główną przyczyną wypraw Normanów we wczesnym średniowieczu było przeludnienie ich rodzinnej Skandynawii,
gdzie nie istniały sprzyjające warunki dla rozwoju rolnictwa. Poszukiwano więc nowych ziem, a także przedsiębrano
wyprawy w celu zdobywania łupów w bogatszych rejonach
Europy. Z czasem Normanowie zaczęli opanowywać szlaki
handlowe między Europą a południem i wschodem. Ich
emigracja była także po części spowodowana chęcią
ucieczki przed despotycznymi rządami, w państwach skandynawskich był to bowiem okres umacniania się władzy
monarszej.

Normańskich wojowników nazywano w średniowieczu
wikingami. Termin ten oznaczał w dialektach skandynawskich morskich rozbójników.

Kierunki ekspansji

Wikingowie norwescy

W zasięgu ich wypraw znalazły się Szetlandy, Orkady
(VII w.), Hebrydy, Wyspy Owcze, południowa Irlandia,
Islandia (Reykjavik założony w roku 875), północna Szko-
cja (X w.), Grenlandia. Osady norweskie powstały także na
Labradorze i w Nowej Fundlandii.

Vinland

Rejon Ameryki Północnej, do którego dotarli wikingowie,
nazwali Vinland, czyli „kraj wina", ze względu na rosnące
tam dziko winogrona. Sagi norweskie opowiadają, że
pierwszą ekspedycją, która około r. 1000 dotarła na ten
obszar, dowodził Leif Eriksson, syn Eryka Rudego, który

był założycielem pierwszej osady wikingów na Grenlandii w r. 986.

Drugą wyprawą do Vinlandu kierował ok. r. 1003 brat Leifa, Thorvald. Efektem kolejnej wyprawy w r. 1004 było założenie stałej osady zamieszkanej przez 130 wikingów, przetrwała ona jednak tylko kilka lat z powodu starć z tubylczymi mieszkańcami.

Ostatnią wyprawą według tradycji dowodziła w r. 1013 córka Eryka Rudego, Freydis. W r. 1963 na północnym cyplu Nowej Fundlandii w pobliżu miejscowości L'Anse aux Meadows archeolodzy odkryli pozostałości osady wikingów, co uwiarygodniło fakty podawane w skandynawskich sagach.

Wikingowie szwedzcy

Zwani byli Waregami. Ich ekspansja objęła tereny Rusi aż po Bizancjum, od jeziora Ładoga wzdłuż Dźwiny i Dniepru. Byli twórcami państwowości Rusi. Penetrowali także wschodnie wybrzeże Bałtyku.

Wikingowie duńscy

Dotarli do Anglii, ujścia Sekwany (Normandia), Hiszpanii, południowych Włoch, północnej Afryki. Ok. 950 r. założyli osadę Jomsborg u ujścia Odry do Bałtyku.

Wikingowie używali podczas swych wypraw łodzi o długości około 20 m i szerokości 5 m. Mieściły one do sześćdziesięciu wojowników. Nie nadawały się do walki na morzu, więc wikingowie staczali bitwy na lądzie. Wyprawy były organizowane tylko wiosną i latem, gdy panowały względnie dobre warunki żeglugi.

Pismo runiczne

Normanowie stworzyli pismo runiczne, składające się początkowo z 24 znaków (jego nazwa pochodziła od staronordyckiego słowa *run*, oznaczającego tajemnicę). Wierzyli oni, że to pismo zostało im przekazane przez boga Odyna i ma charakter magiczny. Odnaleziono około 250 inskrypcji w kamieniu, metalu i rogu. Mają one najczęściej charakter magicznych formuł, mających zapewnić boską pomoc lub chronić przed nieszczęściem. Najstarsze zabytki pisma runicznego pochodzą z I wieku n.e. W X wieku zostało ono uproszczone (do 16 znaków) i nabrało charakteru użytkowego – znaleziono około 5 tys. przykładów jego zastosowania na obszarze Skandynawii oraz na szlakach ekspansji wikingów.

Wikingowie w Anglii

W r. 865 duńscy Normanowie rozpoczęli inwazję, w wyniku której zajęli większą część Anglii, wypierając stamtąd wojska Anglosasów (którzy dokonali inwazji na Wyspy Brytyjskie w V wieku). Przeciwstawił się im król Wessexu Alfred Wielki (849-899) – po kilkunastu latach walk zawarł w r. 878 traktat pokojowy z Normanami, na mocy którego Anglia została podzielona na część duńską (wschodnią) i anglosaską (zachodnią). Upadek panowania duńskiego w Anglii nastąpił w latach trzydziestych X wieku, kiedy to znajdujące się w ich posiadaniu tereny zostały odzyskane przez Anglosasów, na których czele stał władca Wessexu Athelstan (925-939).

Swen Widłobrody

W r. 994 na Anglię wyprawił się król Danii Swen Widłobrody. Zmusił on angielskiego króla Etelreda do płacenia trybutu (*danegeld*). Gdy jednak Swen w r. 1002 zaangażował się w walki w Norwegii, Etelred postanowił wykorzystać sytuację i zerwał umowę, nakazując wymordować znajdujących się wtedy na jego dworze Duńczyków (w tym siostrę i szwagra Swena). W odwecie Swen Widłobrody w 1009 r. zaatakował Anglię, opanowując w ciągu kilku miesięcy cały kraj. Etelred uciekł do Normandii, a Swen pozostał władcą Anglii aż do swej śmierci w r. 1014.

Kanut Wielki

Schedę po Swenie odziedziczył jego syn Kanut Wielki (1014-1035), który stworzył imperium obejmujące Danię, Norwegię i Anglię, jego zwierzchnictwo uznały Szkocja, Irlandia i Islandia. Swoją władzę w Anglii Kanut oparł na zdyscyplinowanej armii składającej się z Duńczyków oraz na Kościele, który miał w nim hojnego protektora.

Po śmierci Kanuta Wielkiego (1035) władzę w Anglii przejął jego starszy syn Harald (1035-1040), następnie młodszy Hartaknut (1040-1042), potem rządy powróciły w ręce dynastii anglosaskiej. Jednak Edward Wyznawca (1042-1066) okazał się władcą słabym, który doprowadził do wyraźnego wzrostu znaczenia możnowładztwa anglosaskiego.

Wilhelm Zdobywca

W księstwie Normandii (północno-zachodnia Francja) od IX wieku żyli duńscy Normanowie, ulegając szybkiemu procesowi romanizacji. Ich przywódca książę Wilhelm ukrócił w XI wieku władzę miejscowych baronów, umacniając swoją własną.

Na wygnaniu w Normandii przebywał w czasie duńskich rządów w Anglii Edward Wyznawca. Zobowiązał się wtedy wobec Wilhelma, że w przypadku braku męskiego potomstwa jemu zapisze w testamencie prawo do tronu angielskiego. Gdy w styczniu 1066 roku Edward Wyznawca zmarł, wbrew jego woli tron Anglii znalazł się w rękach Harolda, jednego spośród anglosaskich możnowładców. Wilhelm postanowił dochodzić swych praw na drodze militarnej.

W sierpniu 1066 r. Wilhelm zgromadził armię inwazyjną liczącą około 5 tys. wojowników, uzyskał także poparcie papiestwa, które znalazło się w konflikcie z Haroldem w kwestii obsady arcybiskupstwa Canterbury. Lądowanie wojsk inwazyjnych odbyło się w końcu września – nie napotkały one większego oporu, gdyż Harold bronił wtedy północnej Anglii przed atakiem Norwegów.

Bitwa na równinie Hastings

Do spotkania wojsk Harolda i Wilhelma doszło 14 października 1066 roku na równinie Hastings na południu Anglii. Bitwa zakończyła się całkowitą klęską armii Harolda, który padł na polu bitwy. Wówczas angielska rada królewska – witenagemot – składająca się z około stu możnowładców, uznała prawo Wilhelma Zdobywcy do tronu angielskiego.

Struktura lenna w Anglii

Wilhelm Zdobywca wprowadził w Anglii zasadę bezpośredniej zależności lennej od króla (układ dwuszczeblowy), w związku z czym nie wykształciła się tam klasyczna drabina feudalna. Powszechny podatek gruntowy stał się podstawą skarbu królewskiego, w rękach króla pozostawała ogromna domena (około połowy ziemi). Po inwazji do kultury angielskiej zaczęły intensywnie przenikać wpływy francuskie.

Kultura w VI-X wieku

Wieki ciemne (VI-VIII wiek)

Okres między VI a VIII wiekiem określany jest często mianem ciemnych wieków w historii Europy. Nastąpiło wówczas zerwanie ciągłości z dorobkiem kultury starożytnej. Zniknęły szkoły publiczne, co spowodowało ogólny zanik umiejętności czytania i pisania. Na potrzeby Kościoła powstawały od VI wieku szkoły klasztorne, w których zajmowano się analizą Pisma Świętego.

Literatura religijna

Dziełem powszechnie studiowanym wówczas w szkołach klasztornych, pomocnym w rozumieniu Biblii, była *Rozprawa o naukach boskich i świeckich*, napisana w połowie VI wieku przez Kasjodora (zmarłego w r. 570), doradcę królów ostrogockich, założyciela klasztoru benedyktyńskiego w Kalabrii. Studiowano także dzieła rzymskiego filozofa Aniciusa Manliusa Severinusa Boecjusza (około 480-524), który w więzieniu – wtrącony tam przez króla Ostrogotów Teodoryka Wielkiego – napisał kilkanaście traktatów teologicznych oraz komentarze do dzieł Arystotelesa i Platona. Czytany był również św. Augustyn, a przede wszystkim jego traktat *De doctrina christiana*.

Beowulf

W dziedzinie literatury niekościelnej na pierwszy plan wysuwa się anglosaski poemat epicki *Beowulf* (czyt. bejulf), powstały w VIII wieku. Zawarto w nim elementy legend ludów germańskich północno-zachodniej Europy. Podłoże poematu jest przedchrześcijańskie, jednak autor wprowadził do niego elementy chrześcijańskiego idealizmu. *Beowulf* uchodzi za najstarszy przykład poezji w języku staroangielskim.

Księga z Kells

Najstarsze oryginalne dzieła sztuki średniowiecznej powstały w klasztorach w Irlandii, gdzie odizolowani od świata mnisi celtyccy poświęcali się pracy nad manuskryptami. Przykładem tej sztuki jest *Księga z Kells*, zawierająca cztery pieśni biblijne po łacinie. Manuskrypt iluminowano kolorowymi wzorami geometrycznymi. Jest on uważany za najwybitniejszy przykład sztuki insularnej (od łacińskiego *insula* – wyspa), rozwijającej się w klasztorach Irlandii i Wysp Brytyjskich.

Architektura wczesnośredniowieczna

Bazylika

Najstarszą formą świątyń chrześcijańskich, przejętą z rzymskiej tradycji architektonicznej, była bazylika. Jej wnętrze było podzielone kolumnami na trzy nawy, z których środkową – wyższą i szerszą – kończyła półkolista absyda. Nawa poprzeczna – transept – przecinała pozostałe pod kątem prostym. Między absydą a nawą główną znajdował się ołtarz w formie stołu lub sarkofagu, a za nim prezbiterium, gdzie gromadziło się duchowieństwo i chór. Z czasem do obu naw bocznych zaczęto także dodawać absydy i umieszczać ołtarze boczne. Bazyliki merowińskie urozmaicane były wieżami. Przed bazyliką znajdowało się atrium, czyli podwórze otoczone kolumnadą, z fontanną pośrodku. Służyła ona wiernym do obmywania twarzy, rąk i nóg przed wejściem do świątyni.

Sztuka romańska

W II połowie X wieku zaczęła się rozwijać w południowej Francji i północnych Włoszech sztuka romańska. Architektura tego czasu utrzymała model bazyliki, lecz starała się połączyć w jedną całość z kościołem budowle pomocnicze, przede wszystkim dzwonnice. Styl romański charakteryzował się masywnością murów i małymi rozmiarami okien. Stosowano sklepienia kolebkowe nad nawami głównymi i sklepienia krzyżowe nad nawami bocznymi. Materiałem budowlanym był kamień.

Za najstarszą świątynię romańską uchodzi kościół Notre Dame du Port w Clermont we francuskiej Owernii. Do najsłynniejszych budowli romańskich zaliczane są katedry w Pizie, Parmie, Piacenzy, Modenie, Florencji we Włoszech, w Norwich w Anglii, w Autun, Langres i Poitiers we Francji, w Wormacji, Moguncji, Bambergu w Niemczech. Do Polski styl romański dotarł pod koniec XI wieku, o czym świadczy kościół św. Andrzeja w Krakowie.

Renesans karoliński

W okresie panowania Karola Wielkiego w Państwie Franków wyraźnie wystąpiło przyspieszenie rozwoju kulturalnego, widoczne przede wszystkim w dziedzinie szkolnictwa. Zjawisko to historycy nazwali renesansem karolińskim.

Reforma edukacji
Reforma edukacji stała się wówczas koniecznością, gdyż większość duchowieństwa nie była nawet w stanie zrozumieć treści Pisma Świętego, do czego przyczynił się zanik znajomości klasycznej łaciny.

Karol Wielki dokonał rozbudowy sieci szkół klasztornych, a także zaczął tworzyć szkoły przykatedralne, w których mogli się kształcić nie tylko duchowni, ale również ludzie świeccy. Nauczanej łacinie przywrócono klasyczną wymowę, składnię i ortografię, oczyszczając ją z barbaryzmów. Pracę tę wykonali mnisi przybyli z Anglii i Irlandii, gdzie łacina przetrwała w dawnej formie. Najwybitniejszym z nich był anglosaski mnich i doradca Karola Wielkiego Alkuin (ok. 735-804), który w r. 778 założył szkołę pałacową w Akwizgranie, a następnie przez wiele lat jako opat klasztoru św. Marcina w Tours kształcił zakonników benedyktyńskich. Napisał *Compendia* – podręcznik do nauki retoryki, używany przez kilka wieków.

Utworzono dwa etapy kształcenia szkolnego: etap wstępny, zwany trivium, obejmował gramatykę (czyli umiejętność czytania i pisania), retorykę (sztukę wymowy) oraz dialektykę (umiejętność logicznego myślenia i przekonywania). Etap wyższy, zwany quadrivium, obejmował arytmetykę, geometrię, astronomię oraz muzykę (dla potrzeb liturgicznych).

Minuskuła

Rozwój szkolnictwa wymagał zwiększenia liczby kopistów przepisujących manuskrypty, przy większych szkołach powstały prawdziwe zakłady przepisywania. Ponieważ dotychczas stosowany przez kopistów krój pisma – kursywa merowińska – był zbyt skomplikowany i nie nadawał się do masowej produkcji manuskryptów, zastąpiono go prostszą minuskułą karolińską.

Na dworze w Akwizgranie zaczęła się rozwijać historiografia – jej najwybitniejszym przedstawicielem był Einhard (ok. 770-840), wykształcony w szkole klasztornej w Fuldzie i w szkole pałacowej w Akwizgranie. Napisał on *Vita Karoli Magni* – biografię Karola Wielkiego, wzorowaną na biografii Oktawiana Augusta autorstwa Swetoniusza.

Religijność średniowieczna

Chrześcijański bóg był dla ludzi średniowiecza bytem doskonałym, odległym i niedostępnym. Pustkę po pogańskich lokalnych bóstwach opiekuńczych zastąpił więc kult świętych, będący wyrazem kontynuacji mentalności politeistycznej. Każda miejscowość miała swojego świętego patrona, ta zasada dotyczyła także poszczególnych grup zawodowych. Święci pełnili funkcję pośredników między ludźmi a niedostępnym bogiem.

Wielu świętych zyskało status ponadlokalny. Dotyczyło to szczególnie męczenników za wiarę, do ich grobów przychodziły pielgrzymki z odległych miejsc. Kultem otaczano także relikwie, czyli doczesne szczątki świętego, a także jego szaty i przedmioty, których używał. Relikwie traktowano jak amulety chroniące od złego, stąd wielkie zapotrzebowanie na nie, co prowadziło do częstych ich kradzieży i fałszowania.

Życie Kościoła

Wewnętrzna organizacja Kościoła była wzorowana na modelu administracyjnym cesarstwa rzymskiego: dawnej *civitas* odpowiadała diecezja zarządzana przez biskupa, a dawnej prowincji złożonej z kilku *civitates* – metropolia. Metropolita w randze arcybiskupa posiadał władzę zwierzchnią nad biskupami.

Biskupi wybierani byli przez zgromadzenia, w których uczestniczyli duchowni i świeccy mieszkańcy danej diecezji. Biskupem mogła zostać także osoba świecka. Wybór stawał się prawomocny dopiero po zatwierdzeniu go przez metropolitę, który dokonywał konsekracji kandydata.

Wielką rolę w życiu Kościoła i społeczeństwa średniowiecznego odgrywały wspólnoty zakonne. Najpierw chrześcijański monastycyzm zaczął się rozwijać na wschodzie, a jego najwybitniejszym przedstawicielem był św. Bazyl (ok. 330-379).

Reguła zakonu benedyktynów

Pierwszą wspólnotą monastyczną powstałą w Europie zachodniej był zakon benedyktynów, utworzony przez św. Benedykta z Nursji (ok. 480-547). Mając dwadzieścia lat wybrał on życie pustelnika i zamieszkał w eremie w Subiaco na Półwyspie Apenińskim. W roku 529 założył na Monte Cassino pierwszy klasztor w miejscu dawnego sanktuarium pogańskiego. Gdy klasztor ten zburzyli w r. 580 Longobardowie, przeniósł się z braćmi zakonnymi do Rzymu.

Opracował regułę zakonną, wymagającą od mnichów złożenia potrójnych ślubów: ubóstwa, czystości i posłuszeństwa. Zakonnicy benedyktyńscy mogli spożywać tylko skromne jedzenie – wprawdzie przysługiwała im niewielka ilość wina do posiłku, ale mięso podawano tylko chorym.

Mnisi podlegali władzy absolutnej opatów, wybieranych dożywotnio przez członków zgromadzenia. Nieposłusznego mnicha opat miał prawo wychłostać, chociaż św. Benedykt zalecał, by posługiwać się raczej miłością niż karą.

Działalność benedyktynów

Benedyktyni poświęcali się działalności misyjnej – ich osiągnięciem było pozyskanie dla chrześcijaństwa Wysp Brytyjskich, Irlandii i terenów germańskich, odegrali także kluczową rolę w chrystianizacji ziem słowiańskich.

Charakterystyczna była postawa benedyktynów wobec pracy: o ile starożytni filozofowie uważali, że człowiek inteligentny powinien mieć jak najwięcej czasu wolnego, by móc go poświęcać na przemyślenia, o tyle św. Benedykt nauczał, że *próżnowanie jest wrogiem duszy* i wymagał od mnichów poświęcania dużej ilości czasu pracy fizycznej. Benedyktyni uprawiali ziemię, hodowali bydło i trzodę, zajmowali się kowalstwem. W swojej okolicy upowszechniali nowoczesne metody uprawy (trójpolówkę, nowe narzędzia rolnicze), przyczyniając się do podnoszenia ogólnego poziomu cywilizacyjnego.

Jednocześnie wysoko cenili pracę umysłową: zajmowali się kopiowaniem manuskryptów i prowadzeniem szkół klasztornych. Klasztory benedyktyńskie stanowiły oazy kultury we wczesnośredniowiecznej Europie.

Reforma kluniacka

Po rozpadzie monarchii karolińskiej doszło także do osłabienia organizacji kościelnej, wywołanej postępującym chaosem politycznym oraz zeświecczeniem stanu duchownego. Biskupstwa i opactwa stały się przede wszystkim majątkami feudalnymi, a obsada stanowisk kościelnych należała do kompetencji monarchy lub jego lenników. Towarzyszyło temu rozprzężenie moralne duchowieństwa: biskupi prowadzili życie świeckie, powszechna była symonia (handel godnościami i urzędami kościelnymi) oraz nieprzestrzeganie celibatu w klasztorach.

Ruch odnowy Kościoła rozpoczął się w klasztorze w Cluny w Burgundii, gdy jego opatem był w latach 926-942 Odon. Pierwszym etapem reformy był powrót do czystości reguły benedyktyńskiej. Nacisk położono na umartwianie ciała, pracę fizyczną, ale także pracę umysłową. Jeden z inicjatorów reformy, Abbon z Fleury, głosił, że praca umysłowa jest najskuteczniejszym środkiem doskonalenia się w cnocie.

Kluczowe znaczenie dla powodzenia reformy kluniackiej miał przywilej wydany w r. 931 przez papieża Jana XI: odtąd wszystkie zreformowane klasztory podlegały władzy opata z Cluny, który osobiście mianował ich przeorów. W ten sposób powstała kongregacja, w której skład w roku 1049 wchodziło 67 klasztorów. W myśl decyzji Jana XI opat z Cluny podlegał bezpośrednio papieżowi.

Zwolennicy reformy głośno domagali się zakazania symonii oraz wprowadzenia obowiązku celibatu dla wszystkich kategorii duchowieństwa. Ich celem było uwolnienie Kościoła spod wpływów świeckich możnowładców.

Społeczeństwo feudalne

Drabina feudalna

Społeczeństwo Europy wczesnośredniowiecznej dzieliło się na ludzi wolnych i niewolnych. Do tej pierwszej kategorii należeli rycerze, mieszczanie oraz wolni chłopi. Do drugiej – niewolnicy przeznaczeni do służby osobistej pana i niewolnicy pracujący na roli, a także wyzwoleńcy.

Rycerze zobowiązani byli do walki zbrojnej. Wśród tej warstwy społecznej rozwinął się system zależności, określany mianem drabiny feudalnej.

Seniorzy, wasale, lenna

Istotą drabiny feudalnej był podział na seniorów i wasali. Wasal poddawał się seniorowi aktem komendacji, zobowiązany był do stawania u boku seniora na jego wezwanie (czyli do służby wojskowej) i służenia mu radą, przez co rozumiano obowiązek przebywania na dworze seniora i brania udziału w jego sądach. Akt komendacji określał zakaz szkodzenia w jakikolwiek sposób osobie i interesom seniora. W zamian wasal otrzymywał gwarancję ochrony. Senior nadawał wasalowi lenno *(feudum)* – ziemię, z której użytkowaniem wiązały się dla wasala powinności na rzecz seniora. Początkowo lenno nie mogło być dzielone, ale zasada ta przestała obowiązywać w XII wieku. Jeżeli wasal dopuścił się wiarołomstwa *(felonii)*, senior mógł mu odebrać lenno, jednak decyzja ta stawała się prawomocna dopiero po zatwierdzeniu jej przez sąd baronów.

Rozproszenie władzy politycznej

Pogłębianie się rozdrobnienia feudalnego powodowało osłabianie władzy królewskiej i wzrost potęgi baronów (seniorów najwyższych w hierarchii feudalnej), którzy stawali się konkurencją dla władzy królewskiej – szczególnie gdy zawierali między sobą sojusze. Wielmoże uzyskali wiele uprawnień publicznych (podatkowych, wojskowych, sądowych), co prowadziło do rozproszenia władzy politycznej. Prawo lenne dawało możliwość wystąpienia przeciw władcy, na przykład gdy odmówił zawarcia ugody lub nie spłacił długu.

Ośrodkami lokalnej władzy i militarnymi punktami oparcia w czasie prowadzenia wojen prywatnych były zamki.

Rozproszenie własności

Dla stosunków feudalnych charakterystyczne było także rozproszenie własności: *dominium directum* (własność bezpośrednia, jaką zachowywał senior wobec ziemi oddanej w lenno) i *dominium utile* (prawo użytkowania, przysługujące wasalowi). System lenny dawał poczucie względnego bezpieczeństwa w świecie, w którym monarcha znajdował się daleko, a zagrożenia blisko.

Drabina feudalna najpełniej rozwinęła się we Francji, we Włoszech i w Niemczech, natomiast nie rozwinęła się w Anglii i Skandynawii, gdzie seniorem dla wszystkich swoich poddanych pozostawał monarcha.

Renta feudalna

Chłop, który oddał się pod opiekę właściciela ziemskiego (czyli stawał się jego poddanym), był zobowiązany do świadczenia renty feudalnej. Występowały następujące formy renty: pańszczyzna – renta odrobkowa, czyli darmowa praca na polu pana; renta naturalna – oddawanie panu określonej ilości produktów rolnych; czynsz pieniężny; dziesięcina – jedna dziesiąta plonów była przekazywana na rzecz Kościoła, niekiedy przechwytywali ją baronowie.

Słowianie w V-IX wieku

Pochodzenie i wędrówka Słowian

Etnogeneza (czyli pochodzenie etniczne) Słowian stanowi do dziś przedmiot żywej dyskusji wśród naukowców. Dominuje opinia, że praojczyzną Słowian jest Europa wschodnia – prawdopodobnie tereny dzisiejszego Polesia bądź dorzecza Dniepru. Językoznawcy twierdzą, że język prasłowiański musiał się ukształtować w sąsiedztwie z jednej strony plemion bałtyjskich, z drugiej zaś germańskich.

Korzystający ze starożytnych źródeł greckich historyk bizantyjski Prokopiusz z Cezarei pisał w VI wieku o Słowianach żyjących w dorzeczu Dniepru, nazywając ich Antami, oraz o Słowianach środkowoeuropejskich – Sklawinach.

Słowianie wtargnęli do Europy Środkowej w V wieku, zasiedlając ziemie opuszczone przez plemiona germańskie między Bugiem a Odrą. W wieku VI wyruszyli dalej na zachód, osiągając linię Łaby, oraz na południe, zasiedlając Nizinę Panońską i Bałkany. Doszło wówczas do ostatecznego ukształtowania się podziału Słowian na trzy grupy plemienne: wschodnią, zachodnią i południową.

Plemiona słowiańskie

Grupa wschodniosłowiańska

Obejmowała ona plemiona zamieszkujące obszar od ujścia Dźwiny po wybrzeże Morza Czarnego. Wśród tych plemion największą rolę odgrywali: Drewlanie żyjący w dorzeczu Prypeci – ich nazwa wskazuje, iż zaludniali tereny leśne, Dregowicze (mieszkańcy błot) – zajmowali obszar między Prypecią a Berezyną, Siewierzanie (czyli ludzie północy) – zamieszkujący dorzecze Desny, Radymicze nad górnym

Dnieprem, Wiatycze w dorzeczu Oki oraz Krywicze – od górnej Dźwiny po Okę i rzekę Moskwę.

Obszar zamieszkiwany przez plemiona wschodniosłowiańskie od wczesnego średniowiecza określany był mianem Rusi. Nie jest jasna etymologia tej nazwy, wielu historyków uważa, iż jest ona pochodzenia normańskiego i pierwotnie odnosiła się do jednego z plemion normańskich prowadzących ekspansję na terenach słowiańskich, później zaś zaczęła być stosowana do całego regionu i jego słowiańskich mieszkańców.

Grupa zachodniosłowiańska

Obejmowała ona plemiona polskie (z których największymi byli Polanie, Wiślanie i Lędzianie), Pomorzan, Wieletów, Obodrzyców, Łużyczan, oraz plemiona czeskie, morawskie i słowackie.

Grupa południowosłowiańska

Tworzyli ją Serbowie, Chorwaci, Słoweńcy. Na temat Słowian południowych zachowały się najbardziej szczegółowe dane w źródłach bizantyjskich.

Ze Słowianami od północnego wschodu sąsiadowały plemiona Bałtów: Prusów, Jaćwingów, Litwinów, Łotyszy. Od południowego wschodu – koczownicze plemiona turecko-mongolskie: Awarowie, Pieczyngowie, Połowcy.

Społeczeństwo i gospodarka

Wielka rodzina – opole – plemię

Przed powstaniem państwowości Słowianie żyli na etapie wspólnoty rodowej, w której nie istniała własność prywatna, a gospodarowanie miało charakter kolektywny. Utrzymywano się głównie z rolnictwa, przy czym stosowano w nim metodę wypaleniskową: wypalano kawałek lasu i ziemię uzyskaną tym sposobem uprawiano do czasu, gdy nie wyjałowiała. Jeżeli plony były już zbyt niskie, wypalano kolejny fragment lasu na nowym terenie i tam się przesiedlano.

Podstawą struktury społecznej była wielka rodzina, składająca się z krewnych w linii prostej i liniach bocznych. Tworzyło ją kilka pokoleń, mieszkających we wspólnym domostwie. Wielkie rodziny mieszkające niedaleko siebie tworzyły opole jako jednostkę samopomocy sąsiedzkiej. Najwyższą formą organizacji społecznej było plemię zrzeszające opola istniejące na większym terenie.

Struktura plemienna ukształtowała się głównie w celach militarnych – by bronić się przed obcym zagrożeniem lub by samemu skutecznie atakować. W okresie wielkiej wędrówki ludów plemię stało się wśród Słowian strukturą podstawową, bo najbardziej efektywną.

Władza wiecu i księcia

Najważniejszą instytucją plemienną był początkowo wiec, skupiający wszystkich dorosłych mężczyzn – wojowników. Gdy jednak nastała epoka wędrówek i walki, wiec przekazywał władzę księciu. Był on początkowo wybierany tylko na czas wojny, ponieważ jednak ten czas się wydłużał, jego władza stawała się permanentna. Ukształtował się więc następujący model władzy plemiennej: wiec decydował o strategii plemienia, natomiast realną bieżącą władzę wykonawczą dzierżył książę.

Doradcy księcia i dowódcy wojskowi tworzyli wraz z nim plemienną elitę, która bogaciła się podczas walk w znacznie większym stopniu niż reszta plemienia. To pogłębiające się zróżnicowanie majątkowe stało się z kolei czynnikiem utrwalającym władzę księcia i kształtującej się warstwy wielmożów.

Religia Słowian

Wszyscy Słowianie byli w okresie przedpaństwowym wyznawcami politeizmu – wierzyli, że światem rządzi bóg piorunów Perun oraz bóg Słońca Swarożyc, wierzono także w boga wiatru i urodzaju Wita. Rytuały magiczne odprawiano w świętych gajach, czczono duchy przodków, a także duchy przyrody – drzew, rzek, zwierząt leśnych i domowych.

Państwo Samona

Państwo to powstało w wyniku buntu Słowian morawskich przeciwko panowaniu awarskiemu. Słowianie chwycili za broń w r. 622, na ich czele stanął kupiec frankijski Samon. Po trzech latach walki Słowianie utworzyli państwo obejmujące Morawy, kotlinę czeską, Rugiland (czyli późniejszą dolną Austrię) oraz tereny nad górną Łabą. Istnienie państwa Samona jest poświadczone źródłowo do około 660 roku, po śmierci swojego przywódcy rozpadło się. Wiadomo, że toczyło ono w latach 30. VII wieku walki z Państwem Franków za panowania tam króla Dagoberta, który wysłał w r. 631 wojska przeciwko Słowianom, prowokując ich odwetowy najazd na Turyngię.

Państwo Wielkomorawskie

Stworzenie państwa przez Mojmira

W I połowie IX wieku istniały w Europie Środkowej dwa państwa słowiańskie: Księstwo Morawskie i Księstwo Nitry. Władcą pierwszego był Mojmir (820-846), władcą drugiego (obejmującego dzisiejszą zachodnią Słowację) – Pribyna. Książę Mojmir zdołał w r. 833 pokonać księcia Pribynę i przyłączyć jego księstwo do swojej domeny. W ten sposób powstało Państwo Wielkomorawskie ze stolicą w Welehradzie. Pokonany książę Pribyna znalazł azyl w Państwie Franków.

Rościsław i misja chrystianizacyjna Cyryla i Metodego

Po bezpotomnej śmierci Mojmira na tronie w Welehradzie zasiadł jego bratanek Rościsław (846-870) dzięki poparciu władcy państwa wschodniofrankijskiego Ludwika Niemieckiego. Jednak w r. 855 Rościsław zadał klęskę wojskom wschodniofrankijskim i uniezależnił się od tego państwa.

W r. 862 Rościsław zwrócił się do cesarza bizantyjskiego Michała II z prośbą o przysłanie misjonarzy, którzy przeprowadziliby w Państwie Wielkomorawskim akcję chrystianizacyjną. Cesarz wysłał dwóch mnichów – Konstantego (Cyryla) i Metodego, którzy znali język słowiański. Ok. 865 książę Rościsław przyjął z ich rąk chrzest w obrządku wschodnim.

Cyryl i Metody przetłumaczyli Biblię na język słowiański. Stworzyli głagolicę – pismo oparte na alfabecie greckim i uwzględniające dźwięki typowe dla języka słowiańskiego. W roku 868 obaj misjonarze udali się do Rzymu, by uzyskać zgodę papieża na wyświęcenie na Morawach kapłanów spośród miejscowych neofitów. Zgodę uzyskano, a Metody został mianowany biskupem. Powrócił do Państwa Wielkomorawskiego bez Konstantego, który pod zakonnym imieniem Cyryla pozostał w klasztorze w Rzymie, gdzie wkrótce potem zmarł.

Świętopełk i najazd Węgrów

W r. 870 Rościsław został obalony przez swego siostrzeńca Świętopełka (870-894), który wydał swego wuja wrogim mu Bawarom. Postawiony przed bawarskim sądem możnych Rościsław został skazany na oślepienie i dożywotnie umieszczenie w klasztorze.

Za panowania Świętopełka Państwo Wielkomorawskie miało największy zasięg terytorialny – podbił on Śląsk, ziemię Wiślan, Panonię i Łużyce.

Po śmierci Świętopełka wybuchł spór dynastyczny między jego następcami, co doprowadziło do wewnętrznego osłabienia państwa. Gdy w r. 906 Państwo Wielkomorawskie najechali Węgrzy, nie było ono w stanie oprzeć się napastnikom i rozpadło się. Węgrzy usadowiwszy się na Nizinie Panońskiej przerwali naturalną łączność między Słowianami zachodnimi a południowymi.

Czechy

Na zachodnich rubieżach dawnego Państwa Wielkomorawskiego powstało w latach 20. X wieku państwo czeskie, które już w r. 926 uznało zwierzchnictwo królów niemieckich. Wykorzystując osłabienie Węgrów po klęsce na Lechowym Polu w r. 955, Czesi podbili Morawy i Słowację, a następnie Śląsk i kraj Wiślan. Na czele Księstwa Czeskiego stanęła dynastia Przemyślidów, zwyciężywszy w rywalizacji z rodem Sławnikowiców.

Ruś Kijowska

Ruryk

Państwo Słowian wschodnich założone zostało przez szwedzkich wikingów, zwanych Waregami. Według staroruskiej *Powieści dorocznej*, w roku 862 mieszkańcy Nowogrodu zwrócili się do księcia Waregów, Ruryka, by objął władzę i ukrócił panującą wśród wschodnich Słowian anarchię i walki wewnętrzne. Ruryk przybył w tym samym roku do Nowogrodu wraz z drużyną wikingów i rozpoczął swoje rządy. Dwaj spośród wojowników Ruryka, Askold i Dir, popłynęli Dnieprem na południe i objęli rządy w Kijowie, zrzucając zależność tego grodu od koczowniczych Chazarów.

Oleg

Według staroruskiej legendy następcą Ruryka został jego krewny Oleg (879-912). Za swój cel uznał opanowanie ziem wzdłuż Dniepru, którędy wiódł szlak handlowy do Bizancjum. Z liczną drużyną, złożoną z Waregów oraz przedstawicieli plemion słowiańskich i fińskich, opanował w roku 882 najpierw Smoleńsk na ziemi Krywiczów, potem Lubecz na ziemi Siewierzan, a następnie Kijów, podstępnie mordując Askolda i Dira. Stworzył wielkie państwo, określane od momentu zdobycia Kijowa jako Ruś Kijowska. W r. 907 (tak podaje *Powieść doroczna*) Oleg wyprawił się na Konstantynopol, zmuszając cesarza bizantyjskiego Leona VI Filozofa (886-912) do zapłacenia okupu.

Igor

Dwukrotnie (w latach 941 i 944) wyprawiał się na Bizancjum także Igor (912-945), syn Ruryka. Za jego rządów Ruś Kijowska rozpoczęła trwający 300 lat ciąg walk z Pieczyngami – koczowniczym ludem, którego siedziby znajdowały się między Donem a Bohem.

Igor przyłączył do Rusi Kijowskiej terytoria plemion Tywerców i Uliczów, natomiast nie chcieli mu się podporządkować Drewlanie. Po kilku interwencjach zbrojnych ich opór został ostatecznie złamany, członków plemienia Igor zmusił do świadczenie wysokich danin na rzecz władzy książęcej. Podczas jednej z wypraw, której celem było ściągnięcie nadzwyczajnej daniny, Igor został zabity.

Olga

Władzę po zamordowanym Igorze przejęła jego żona Olga, słynąca z despotycznego charakteru. Drewlanie próbowali załagodzić sytuację po śmierci Igora i wysłali w tym celu do

Kijowa dwa poselstwa, jednak wszyscy ich uczestnicy zostali z rozkazu Olgi zgładzeni. W roku 946 Olga zorganizowała wyprawę przeciwko Drewlanom. Spalono ich główny gród, Iskorosteń, zginęło tysiące ludzi, w tym książę Drewlan. Opór tego plemienia został ostatecznie złamany.

Światosław

W r. 968, w okresie panowania syna Igora i Olgi, Światosława (945-972), Pieczyngowie oblegali Kijów. Cztery lata później w przygotowanej przez nich zasadzce nad Dnieprem zginął Światosław.

Jaropełk i Włodzimierz Wielki

Jego następcą był przez krótki czas najstarszy syn Jaropełk (972-980), a po jego śmierci władzę przejął Włodzimierz Wielki (980-1015). Najważniejszym wydarzeniem z okresu jego panowania był chrzest Rusi w roku 988. Przyjęty został za pośrednictwem Bizancjum, w obrządku wschodnim.

Bułgaria

W roku 680 koczowniczy lud Bułgarów (pochodzenia turecko-mongolskiego) przywędrował znad Wołgi na Bałkany. Pod wodzą chana Asparucha Bułgarzy stworzyli własne państwo nad dolnym Dunajem, podporządkowując sobie żyjącą tam ludność południowosłowiańską. W roku 865 Bułgarzy przyjęli chrzest w obrządku wschodnim. Stopniowo zasymilowali się z ludnością słowiańską i przejęli jej język.

Polska wczesnośredniowieczna

Powstanie państwa polskiego

Rozwój terytorialny

Plemiona polskie

Na przełomie IX i X wieku ziemie dzisiejszej Polski zamieszkiwały (od V wieku) plemiona zaliczane do grupy zachodniosłowiańskiej. W niemieckiej kronice, zwanej *Geografem Bawarskim* (powstała w połowie IX wieku prawdopodobnie w klasztorze w Ratyzbonie), wymienione zostały między innymi następujące spośród nich: Wiślanie zamieszkujący dzisiejszą ziemię krakowską, Lędzianie w rejonie dzisiejszej Lubelszczyzny, Ślężanie, Dziadoszanie i Opolanie na Śląsku, Goplanie w rejonie jeziora Gopło. W II połowie IX wieku najsilniejsi byli Wiślanie – w *Żywocie św. Metodego* znajduje się wzmianka o potężnym księciu Wiślan, który atakował przygraniczne tereny Państwa Wielkomorawskiego, a później został przez to państwo zhołdowany i zmuszony do przyjęcia chrztu w obrządku słowiańskim.

Polanie i podbój wewnętrzny

Informacje o Polanach, zamieszkujących obszar w dorzeczu Warty, pojawiają się dopiero w I połowie IX wieku, jednak szybko stają się oni najbardziej ekspansywnym spośród plemion polskich. Ich nazwa świadczy, iż trudnili się głównie rolnictwem. W latach 930-940 zaczęli podbijać i podporządkowywać sobie sąsiadujące z nimi plemiona, tworząc w ten sposób zaczątki państwa polskiego. Taką metodę kształtowania państwowości nazywamy podbojem wewnętrznym – w odróżnieniu od podboju zewnętrznego, dokonywanego przez przybyszów (taka sytuacja miała miejsce na przykład na Rusi i w Bułgarii) lub pokojowego jednoczenia się spokrewnionych plemion (to z kolei przypadek słowiańskiego Państwa Samona z VII wieku). Stolicą tak utworzonego państwa zostało Gniezno, główny ośrodek plemienny Polan.

Ekspansja państwa Mieszka

Około r. 960, gdy prawdopodobnie panowanie objął pierwszy historyczny władca Polski Mieszko I, terytorium jego państwa obejmowało oprócz obszaru plemiennego Polan także Mazowsze, ziemię lubuską, łęczycką, sieradzką, sandomierską oraz Pomorze Wschodnie. W latach 70. Mieszko przyłączył Grody Czerwieńskie (dzisiejszy rejon Przemyśla), jednak w roku 981 zostały one opanowane przez księcia ruskiego Włodzimierza Wielkiego. Część historyków uważa, iż Grody Czerwieńskie znajdowały się wówczas, razem z ziemią krakowską, pod panowaniem czeskich Przemyślidów – i to z nimi wszedł w konflikt książę kijowski.

Śląsk stał się częścią państwa polskiego ok. r. 980, po wojnie z Czechami, które jako pierwsze rozciągnęły swoje wpływy polityczne na tę dzielnicę. Najpóźniej do Polski została przyłączona ziemia krakowska, także początkowo podporządkowana Czechom. Stało się to w ostatnich latach panowania Mieszka I.

Dynastia Piastów

O przodkach Mieszka I mowa jest w *Kronice* Galla Anonima, zakonnika benedyktyńskiego żyjącego na dworze Bolesława Krzywoustego. Napisał on, iż pierwszym władcą z rodu Mieszka panującym w Gnieźnie był jego pradziad Siemowit, syn ubogiego rolnika Piasta. Po nim władzę objął Leszek (Lestek), a następnie Siemomysł. Zdaniem Galla

Anonima to właśnie ojciec Mieszka zapewnił państwu Polan potęgę i dobrobyt.

Większość historyków uważa jednak, że do tej legendy należy podchodzić bardzo ostrożnie, traktując ją jako wyraz „ideologii państwowej" wskazującej na miejscowe pochodzenie dynastii i jej plebejski charakter, a nie jako źródło wiedzy historycznej.

Początki państwa Mieszka I

Relacja Ibrahima ibn Jakuba

Autorem pierwszej wzmianki o państwie Mieszka I był żydowski podróżnik i kupiec Ibrahim ibn Jakub, pochodzący z kalifatu Kordoby w Hiszpanii. W r. 965 przybył on na dwór Ottona I w Magdeburgu, a następnie udał się do Saksonii, Meklemburgii, Czech i Polski. Z wyprawy tej przygotował relację dla kalifa Kordoby, w której znalazł się fragment dotyczący ówczesnej Polski. Ibrahim ibn Jakub napisał, że państwo Mieszka I obfituje w zboże, mięso i miód, zaś władca dysponuje drużyną liczącą trzy tysiące dobrze wyszkolonych i uzbrojonych wojów. Organizacja państwa oparta jest na systemie grodów, w których rozmieszczono oddziały drużyny książęcej.

Relacje kronikarzy niemieckich

W kronice saskiego mnicha Widukinda znajduje się informacja, iż Mieszko prowadził długotrwałe walki z Wieletami, zachodniosłowiańskim plemieniem zamieszkującym obszar między dolną Odrą a Łabą. Według Widukinda wojska Mieszka zostały dwukrotnie pokonane przez Wieletów, którymi dowodził niemiecki możnowładca Wichman, zbuntowany przeciwko cesarzowi Ottonowi I.

Z kroniki biskupa merseburskiego Thietmara wiemy, że Mieszko płacił Ottonowi I trybut ze świeżo zdobytej ziemi lubuskiej, „aż po rzekę Wartę" i że uznał cesarską zwierzchność nad swoim państwem. Układ między Ottonem I a Mieszkiem został zawarty między r. 963 a 966.

Chrzest Polski – 966 rok

Sojusz z Czechami

W roku 965 Mieszko I ożenił się z Dobrawą, córką księcia czeskiego Bolesława I. Rok później książę polski ochrzcił się wraz ze swoim dworem, wprowadzając tym samym Polskę w krąg kultury chrześcijańskiej.

Bezpośrednim skutkiem chrztu stał się sojusz Polski z Czechami. Dzięki niemu Mieszko mógł się skutecznie przeciwstawić zagrożeniu ze strony Wieletów, rozrywając uprzedni sojusz czesko-wielecki.

Uniemożliwienie ekspansji niemieckiej

Przyjęcie chrztu przez Mieszka za pośrednictwem Czech uniemożliwiło biskupstwu w Magdeburgu realizację jego ambicji wobec ziem polskich. Biskupstwo to (w r. 968 zostało podniesione do rangi arcybiskupstwa) prowadziło bowiem intensywną działalność misyjną wśród Słowian połabskich, włączając ich tereny w obszar niemieckiej prowincji kościelnej. Taki los mógł spotkać także Polskę, jednak dzięki działaniu Mieszka zostało utworzone w r. 968 na mocy decyzji papieża Jana XIII biskupstwo misyjne w Poznaniu podległe bezpośrednio Rzymowi. Na jego czele stanął biskup Jordan, pochodzący z Włoch lub Nadrenii. Sprawował swą funkcję do śmierci w r. 982 lub 984.

Awans cywilizacyjny

Chrzest oznaczał dla Polski awans cywilizacyjny polegający na przejmowaniu wzorów kulturowych i rozwiązań technicznych, na przykład technik uprawy roli, budowy kościołów i grodów. Na dwór książęcy przybyło wielu duchownych potrafiących pisać i czytać, posiadających wiedzę w dziedzinie zarządzania państwem.

Pozycja Mieszka jako władcy chrześcijańskiego

Dzięki chrześcijaństwu wzmocniona również została osobista pozycja Mieszka jako władcy. Zgodnie z doktryną chrześcijańską panował „z Bożej łaski", a więc nie mogli z nim rywalizować dawni wodzowie plemienni, gdyż oznaczałoby to występowanie przeciwko woli bożej.

Chrześcijaństwo umożliwiało skupienie społeczeństwa wokół wiary w jednego, wspólnego Boga, zwalczając jednocześnie kulty bóstw plemiennych. Przezwyciężaniu partykularyzmów plemiennych służyło wprowadzenie religii wspólnej dla całego państwa.

Relacje z Niemcami

Rywalizacja o Pomorze Zachodnie

Korzyści z sojuszu polityczno-militarnego z Czechami Mieszko odniósł już w r. 967. Dzięki wsparciu oddziałów czeskich pokonał wówczas komesa Wichmana, wspieranego tym razem przez słowiańskich Wolinian. Wichman zginął na polu walki gdzieś nad Odrą. Saskie źródła z tego czasu określały Mieszka mianem *amicus imperatoris* (*przyjaciel cesarza*), co świadczyło o jego pozycji równej książętom niemieckim. W wyniku tego zwycięstwa do Polski zostało przyłączone Pomorze Zachodnie ze Szczecinem i wyspą Wolin.

Bitwa pod Cedynią

W r. 972 na terytorium Mieszka najechał margrabia Hodon, zarządzający Marchią Łużycką. Celem tej wyprawy było powstrzymanie ekspansji państwa polskiego nad Bałtykiem. Do bitwy doszło w pobliżu grodu Cedynia na Pomorzu Zachodnim. Oddziały Mieszka i jego brata Czcibora zadały najeźdźcom dotkliwą klęskę. Spór rozstrzygnął cesarz, wzywając obu przeciwników na sąd do Kwedlinburgu (rok 973). Mieszko zachował Pomorze Zachodnie, ale musiał przysłać na dwór cesarski swojego syna, siedmioletniego Bolesława, jako zakładnika. Bolesław przebywał u cesarza w tej roli prawdopodobnie kilka lat.

Małżeństwo z Odą i sojusz z cesarstwem

Po śmierci cesarza Ottona I Mieszko związał się z opozycją niemiecką, występującą przeciwko wstąpieniu na tron Ottona II, syna zmarłego władcy. Po porażce opozycji Otton II przedsięwziął w r. 979 wyprawę na Polskę, ale Mieszkowi udało się zawrzeć z cesarzem układ pokojowy, przypieczętowany małżeństwem z Odą, córką margrabiego Marchii Północnej Teodoryka (pierwsza żona Dobrawa zmarła w 977). Od tego momentu aż do śmierci w roku 992 Mieszko pozostawał w sojuszu z cesarstwem. Był cennym sojusznikiem szczególnie w walkach toczonych przez cesarza ze Słowianami połabskimi.

Poparcie Niemiec w wojnie z Czechami

W r. 980 wybuchła wojna Polski z Czechami, w wyniku której Mieszko – dysponując politycznym poparciem Niemiec – opanował Śląsk. Konflikt ten był wyrazem dążenia Polski do ekspansji na południe po wyczerpaniu się możliwości powiększania terytorium w kierunku północnym.

Dagome iudex

Oddanie Polski pod opiekę papiestwa

Na krótko przed śmiercią (prawdopodobnie w r. 991) Mieszko wraz z Odą i dwoma synami z drugiego małżeństwa, Mieszkiem i Lambertem, oddał swoje państwo pod opiekę Stolicy Apostolskiej (papieżem był wtedy Jan XV), zobowiązując się płacić świętopietrze. Świadczy o tym dokument, zatytułowany od pierwszych słów *Dagome iudex*. Odnaleziony on został w zbiorach watykańskich, nie jest to jednak oryginał, lecz streszczenie pochodzące najprawdopodobniej z XI wieku. *Dagome iudex* jest najstarszym oficjalnym dokumentem w historii Polski.

Hipotezy dotyczące znaczenia dokumentu

Znajduje się w nim dokładny opis granic *państwa gnieźnieńskiego i jego przyległości* (*civitas Schinesgne cum omnibus pertinenciis*), od Morza Bałtyckiego po Ruś i Morawy. Uwagę zwraca fakt, iż w dokumencie nie wymieniono najstarszego syna Mieszka I, Bolesława. W związku z tym formułowana jest hipoteza, że celem sporządzenia dokumentu było zapewnienie praw do dziedziczenia synom Mieszka I z drugiego małżeństwa, obawiającym się ambicji politycznych pierworodnego. Inna hipoteza mówi, że dokument miał odegrać jedynie rolę propagandową, podkreślając miejsce Polski w gronie państw chrześcijańskich.

Zagadką są pierwsze słowa dokumentu. Być może jest w nich zawarte odwołanie do imienia Dago, które mogło być imieniem przyjętym przez Mieszka na chrzcie, a być może jest to efekt zniekształcenia pierwotnego tekstu podczas przepisywania.

Panowanie Bolesława I Chrobrego (992-1025)

Kwestia następstwa tronu

Zasady sukcesji w monarchii patrymonialnej

Polska w okresie wczesnopiastowskim była monarchią patrymonialną. Dla tego ustroju charakterystyczne było traktowanie państwa jako prywatnej, osobistej własności panującego. Nazwa pochodzi od łacińskiego terminu *patrimonium*, oznaczającego ojcowiznę, majątek rodowy. Prawo do dziedziczenia władzy po zmarłym władcy mieli wszyscy jego synowie, a nie tylko najstarszy (nie obowiązywała zasada primogenitury, najstarszemu przysługiwało natomiast zwierzchnictwo nad pozostałymi braćmi).

Wypędzenie synów Ody

Po śmierci Mieszka I Polska stanęła więc w obliczu podziału między trzech synów zmarłego: Bolesława oraz jego przyrodnich braci Mieszka i Lamberta (trzeci przyrodni brat, Świętopełk, zmarł przed r. 992). Bolesław postanowił jednak obronić jedność państwa wbrew zasadom monarchii patrymonialnej: wypędził z Polski Odę i jej synów.

Konflikt między Bolesławem a jego przyrodnimi braćmi o następstwo tronu trwał prawdopodobnie tylko kilka tygodni po śmierci Mieszka I. Po wygnaniu Oda wstąpiła do klasztoru w Kwedlinburgu w Niemczech, gdzie zmarła w r. 1023. Dalsze losy Mieszka i Lamberta nie są znane.

Misja biskupa Wojciecha

Konflikt między Sławnikowicami a Przemyślidami

W r. 996 na dwór księcia Bolesława przybył biskup praski Wojciech. Pochodził on z czeskiego rodu książęcego Sławnikowiców, którzy od pokoleń rywalizowali z panującymi w Czechach Przemyślidami. Biskupem praskim Wojciech został w r. 982, jednak już sześć lat później, chcąc uniknąć prześladowań, opuścił Pragę, udając się do Włoch. Do Pragi powrócił w r. 992, po otrzymaniu gwarancji bezpieczeństwa od czeskiego władcy Bolesława II Pobożnego, lecz już w 994 ponownie udał się na emigrację – na Węgry, a następnie do Rzymu. W r. 995 Bolesław II Pobożny postanowił ostatecznie rozprawić się ze Sławnikowicami: jego ludzie dokonali najazdu na Libice, siedzibę rodu, mordując czterech z siedmiu braci Sławnikowiców. Ocaleli tylko przebywający poza Czechami biskup praski Wojciech, walczący wówczas na Połabiu u boku cesarza Ottona III książę libicki Sobiesław oraz najmłodszy z braci, Radzim.

Próba schrystianizowania Prusów i śmierć Wojciecha

Po tych tragicznych wydarzeniach biskup Wojciech postanowił poświęcić się działalności misyjnej. W tym celu przybył do Polski, aby przy wsparciu Bolesława Chrobrego przystąpić do chrystianizacji Prusów. Był to lud pochodzenia bałtyckiego, zamieszkujący obszar na wschód od ujścia Wisły aż po Niemen.

Bolesław Chrobry uznał, że chrystianizacja Prusów leży także w jego interesie, fakt uczestnictwa w akcji misyjnej podniósłby bowiem jego prestiż jako władcy, a poza tym rysowała się możliwość poszerzenia granic państwa polskiego o tereny pruskie.

Wojciech wyruszył na tereny pruskie wiosną 997 roku Towarzyszył mu brat Radzim. Wyprawa trwała jednak krótko, gdyż misjonarze zostali zaatakowani przez Prusów w kwietniu 997 r. w pobliżu dzisiejszego Elbląga. Wojciech zginął, jego towarzyszy Prusowie puścili wolno. Bolesław wykupił ciało Wojciecha i pochował je w Gnieźnie. W roku 999 Wojciech został kanonizowany. Polska zyskała w ten sposób patrona-męczennika, którego kult zaczął się szybko rozwijać.

Zjazd gnieźnieński – rok 1000

W r. 1000 z uroczystą pielgrzymką do grobu św. Wojciecha przybył cesarz Niemiec Otton III. Wydarzenie to zostało opisane w dwóch kronikach – Thietmara oraz Galla Anonima.

Zgoda na koronację Chrobrego

Podczas spotkania Otton III włożył Bolesławowi na głowę swój cesarski diadem oraz podarował mu kopię włóczni św. Maurycego, będącej symbolem władzy cesarzy i królów niemieckich. Bolesław odwzajemnił się podarowaniem ramienia św. Wojciecha. Gest cesarza interpretowany był jako udzielenie Bolesławowi wstępnej zgody na koronację. W planach Ottona uniwersalistyczne cesarstwo rzymskie miało składać się z czterech równorzędnych części: Italii, Germanii, Galii i Słowiańszczyzny. Przebieg zjazdu gnieźnieńskiego świadczył, iż właśnie w Bolesławie Otton III widział przyszłego zwierzchnika Słowiańszczyzny. Koncepcja ta została jednak zarzucona z chwilą śmierci Ottona w r. 1002.

Utworzenie polskiej prowincji kościelnej

W Gnieźnie Otton III wyraził zgodę na utworzenie arcybiskupstwa w Gnieźnie, co oznaczało powołanie do życia niezależnej polskiej prowincji kościelnej. Zlikwidowana została tym samym możliwość podporządkowania Kościoła polskiego arcybiskupstwu w Magdeburgu, co miało duże znaczenie dla ugruntowania samodzielności Polski na arenie europejskiej. Utworzono także trzy nowe biskupstwa: w Krakowie, Wrocławiu i Kołobrzegu. Nadal miało istnieć biskupstwo w Poznaniu, które początkowo (do roku 1012) na wniosek ambitnego biskupa poznańskiego Ungera zachowało niezależność od Gniezna. Na czele metropolii gnieźnieńskiej stanął brat św. Wojciecha, Radzim-Gaudenty.

Wojny Chrobrego

Atak na Milsko, Łużyce i Miśnię

Po śmierci Ottona III w Niemczech rozpoczęła się rywalizacja o władzę i zapanował chaos. Wykorzystując tę sytuację, Bolesław Chrobry opanował zbrojnie w r. 1002 Miśnię, Milsko i Łużyce. Nowy władca Niemiec Henryk II podczas spotkania z Bolesławem w Merseburgu zatwierdził polskie panowanie w Milsku i Łużycach na zasadach lennych, zmusił natomiast Chrobrego do opuszczenia strategicznie ważnej dla Niemiec Miśni.

Wyprawa Chrobrego na Czechy

Kolejną wyprawę zbrojną poprowadził Bolesław na Czechy. Pretekstem było zwrócenie się o pomoc do władcy Polski przez księcia czeskiego Bolesława Rudego, który został pozbawiony tronu praskiego przez swoich braci. Chrobry w r. 1003 osadził na tronie Bolesława Rudego, ten jednak rozpoczął krwawą rozprawę ze swoimi przeciwnikami. W tej sytuacji Chrobry, być może ulegając argumentacji opozycji czeskiej, zaprosił Bolesława Rudego do Krakowa i kazał go oślepić, a następnie uwięzić w którymś z grodów na ziemi krakowskiej. Sam objął tron czeski, rozciągając swoje panowanie również na Morawy i Słowację. Takiego wzmocnienia polskiego władcy nie zamierzał tolerować król Niemiec Henryk II i w r. 1004 zaatakował Czechy, wypędzając stamtąd Chrobrego. Panowanie polskie nad Morawami i Słowacją utrzymało się natomiast aż do czasów Mieszka II.

Wyprawa Henryka II na Wielkopolskę

We wrześniu 1005 r. Henryk II wyruszył na Polskę. Jego wojska przekroczyły Odrę i doszły pod Poznań. Chrobry zgodził się wówczas na rozmowy pokojowe, w wyniku których musiał oddać Milsko i Łużyce. Odzyskał jednak ten obszar, najeżdżając go ponownie w r. 1007.

Wyprawa Henryka II na Śląsk i hołd w Merseburgu

W r. 1010 Henryk II zaatakował Śląsk. Bolesław Chrobry stosując taktykę wojny podjazdowej skutecznie sparaliżował działania armii niemieckiej. W r. 1013 Bolesław Chrobry złożył w Merseburgu hołd Henrykowi z Milska i Łużyc oraz zawarł układ pokojowy. Układ ten został przypieczętowany małżeństwem syna Chrobrego, Mieszka, z Rychezą, córką palatyna reńskiego Ezzona. Małżeństwo to oznaczało, iż Piastowie weszli w koligacje z rodziną cesarską, jako że palatyn Ezzon był szwagrem cesarza Ottona III.

Pierwsza wyprawa Chrobrego na Ruś Kijowską

W r. 1013, bezpośrednio po zawarciu pokoju z Henrykiem II, Chrobry wyprawił się na Ruś. Chciał w ten sposób pomóc zięciowi Świętopełkowi, który walczył ze swoim ojcem, księciem Rusi Włodzimierzem Wielkim, i został przez niego uwięziony. Ekspedycja ta zakończyła się porażką, a Świętopełk odzyskał wolność dopiero po śmierci Włodzimierza w roku 1015.

Kolejne wyprawy Henryka II na Śląsk

Trzecia wyprawa Henryka II na Polskę ruszyła w lipcu 1015 roku Jej powodem była odmowa Chrobrego zwrotu Milska i Łużyc. Wojskom niemieckim nie udało się sforsować linii Odry. Głównymi siłami polskimi dowodził syn Chrobrego, Mieszko. Gdy Niemcy zaczęli się wycofywać z Polski, Chrobry ruszył za nimi, pustosząc Miśnię.

W marcu 1017 r. Henryk II po raz ostatni zaatakował Polskę. Tym razem oddziały niemieckie sforsowały Odrę w pobliżu Krosna, nie zdecydowały się jednak zaatakować Głogowa i Wrocławia. Najbardziej dramatycznym momentem tej wyprawy była obrona Niemczy, grodu leżącego na południe od Wrocławia – Niemcom nie udało się pokonać obrońców. W tym czasie syn Bolesława Chrobrego, Mieszko, zaatakował Czechy rządzone przez księcia Udalryka, by odciążyć oddziały polskie na Śląsku. Dywersja okazała się skuteczna, bo Henryk II wycofał się z Polski.

Pokój w Budziszynie

Na początku 1018 r. Bolesław Chrobry i Henryk II zawarli w Budziszynie pokój, pozostawiający przy Polsce Milsko i Łużyce i znoszący obowiązek lenny z tych ziem. Układ został przypieczętowany małżeństwem Chrobrego z Odą, córką margrabiego Miśni Ekkeharda.

Druga wyprawa Chrobrego na Ruś Kijowską

Wkrótce po zawarciu tego pokoju Bolesław po raz dugi wyprawił się na Ruś. I tym razem chodziło o wsparcie zięcia Świętopełka, który został usunięty z tronu kijowskiego przez swego młodszego brata Jarosława Mądrego. Chrobrego wspomagało w tej wyprawie trzystu rycerzy niemieckich i pół tysiąca węgierskich, współdziałali z nim także koczowniczy Pieczyngowie. Chrobry już nad Bugiem pokonał oddziały Jarosława, a następnie wkroczył do Kijowa. Przebywał w mieście kilka miesięcy, a w drodze powrotnej przyłączył do Polski Grody Czerwieńskie. Po odejściu wojsk polskich Świętopełk ostatecznie utracił tron w Kijowie na rzecz Jarosława Mądrego.

Legenda o szczerbcu

Z wyprawą kijowską związana jest legenda o szczerbcu – według niej polski władca wkraczając do Kijowa uderzył mieczem w Złotą Bramę, wyszczerbiając go. Miecz ten miał się później stać elementem insygniów koronacyjnych królów polskich. Archeolodzy kwestionują jednak ten przekaz, twierdząc, że w czasach Bolesława Chrobrego kijowska Złota Brama jeszcze nie istniała.

Koronacja

W r. 1025 odbyła się w Gnieźnie koronacja Bolesława Chrobrego. Sprzyjały jej okoliczności zewnętrzne: rok wcześniej zmarł cesarz Henryk II, ostatni z dynastii saskich Ludolfingów, a nowy władca Niemiec, Konrad II z dynastii salickiej, dopiero umacniał swoją pozycję (koronował się na cesarza rzymskiego w roku 1027). Podniesienie Polski do rangi królestwa dawało jej – zgodnie ze średniowieczną doktryną państwową – pełną suwerenność.

Kryzys monarchii wczesnopiastowskiej

Pierwsze panowanie Mieszka II (1025-1031)

Bolesław Chrobry pozostawił po sobie trzech synów: Bezpryma z małżeństwa z nieznaną z imienia księżniczką węgierską oraz Mieszka i Ottona z małżeństwa z Emnildą, córką księcia zachodniopomorskiego Dobromira. Władzę po ojcu objął jednak nie najstarszy Bezprym, lecz Mieszko. Prawdopodobnie Chrobry przeznaczył Bezpryma do stanu duchownego, natomiast Mieszka do roli władcy, o czym świadczyłoby jego bardzo staranne wykształcenie (znał łacinę i grekę) oraz powierzenie mu dowodzenia wojskiem w wojnie z Niemcami.

Mieszko II od razu po objęciu władzy koronował się, potwierdzając pozycję państwa osiągniętą za panowania Chrobrego. Dawało mu to także niekwestionowaną władzę zwierzchnią nad braćmi.

Mieszko II atakuje Saksonię

Gdy w r. 1027 nowy król Niemiec Konrad II udał się do Italii w celu koronowania się na cesarza, z Mieszkiem II nawiązała kontakty opozycja niemiecka, dążąca do wciągnięcia go do walki ze swoim władcą. Ulegając jej namowom, w styczniu 1028 r. Mieszko II zaatakował Saksonię, dochodząc aż do rzeki Sali. Oddziały polskie złupiły ten kraj oraz uprowadziły wielu jeńców. Jako polscy sojusznicy uczestniczyli w tej wyprawie Wieleci.

Cesarz Konrad II przeprowadził rok później atak odwetowy na Łużyce, zezwolił także swojemu czeskiemu sojusznikowi księciu Udalrykowi na przeprowadzenie najazdu na Morawy. W wyniku tego najazdu Morawy wróciły do państwa czeskiego.

Najazd Konrada II i Jarosława Mądrego na Polskę

W r. 1031 wojska Konrada II wtargnęły do Milska i Łużyc, ostatecznie odrywając te ziemie od Polski. W tym samym czasie od wschodu uderzył Jarosław Mądry, podbijając Grody Czerwieńskie. Jednocześnie król Węgier Stefan I zajął znajdującą się jeszcze w polskich rękach Słowację. Polska utraciła więc w krótkim czasie zdobycze terytorialne Bolesława Chrobrego.

Spisek przeciwko Mieszkowi II

Te straty spowodowały załamanie prestiżu Mieszka II jako władcy. Sytuację postanowił wykorzystać Bezprym, który wraz z młodszym bratem Ottonem przebywał prawdopodobnie na wygnaniu. Obce źródła podają, że Bezprym znalazł schronienie na Rusi, a Otto w Niemczech. Jest prawdopodobne, że to właśnie dwaj bracia skłonili Konrada II i Jarosława Mądrego do zaatakowania Polski. Na dworze w Poznaniu zawiązał się spisek przeciwko Mieszkowi II. Władca w obawie o swoje życie uciekł do Czech, gdzie z rozkazu księcia Udalryka został wykastrowany. Była to zemsta za oślepienie przez Bolesława Chrobrego czeskiego księcia Bolesława III Rudego.

Rządy Bezpryma (1031-1032)

Rozpoczynając panowanie Bezprym podjął decyzję o odesłaniu cesarzowi Konradowi II polskich insygniów królewskich. W ten sposób chciał pokazać, że uważa się za poddanego cesarza i nie będzie dążył do suwerennej władzy. Insygnia zawiozła królowa Rycheza, która opuściła Polskę wraz z piętnastoletnim synem Kazimierzem.

Panowanie Bezpryma przebiegło pod znakiem prześladowań zwolenników Mieszka II. Wielu możnowładców uciekło wówczas z Poznania, chroniąc się między innymi na Mazowszu. W r. 1032 Bezpryma zamordowano. W *An-*

nales Hildesheimenses (rocznikach powstałych w Hildesheim niedaleko Hanoweru w Dolnej Saksonii) znalazł się zapis, iż polski książę został zgładzony *przez swoich*, najprawdopodobniej przez zwolenników Mieszka II.

Drugie panowanie Mieszka II i rozpad państwa

Podział Polski na trzy części

Po śmierci Bezpryma Mieszko II został zwolniony przez księcia Udalryka z czeskiej niewoli i powrócił do Poznania. Na spotkaniu z cesarzem Konradem II w Merseburgu zrzekł się korony polskiej i zgodził się na podział państwa polskiego na trzy części. W wyniku tego podziału Mieszko otrzymał prawdopodobnie ziemię krakowską i Mazowsze, Otto dostał Śląsk, a Wielkopolska przypadła Dytrykowi, synowi jednego z przyrodnich braci Bolesława Chrobrego – Mieszka bądź Lamberta. Ten podział nie utrzymał się jednak długo: w r. 1033 zmarł Otto, a Dytryk został wypędzony przez Mieszka II, który objął władzę nad całym państwem. Jednak już w r. 1034 zmarł nagle, być może w wyniku otrucia.

Śmierć Mieszka II i bunt możnych

Panowanie objął wówczas jako jedyny spadkobierca Kazimierz, syn Mieszka II. Utrzymał się u władzy tylko trzy lata, bowiem w roku 1037 państwo polskie rozpadło się w rezultacie buntu możnych. Przypuszcza się, że zbuntowali się zarządcy poszczególnych prowincji, by podzielić państwo między siebie. Nie zachowały się w źródłach pisanych żadne informacje o tych samozwańczych władcach z wyjątkiem jednego – Masława (lub Miecława), byłego cześnika Mieszka II, który podporządkował sobie Mazowsze i utrzymał się na nim aż do r. 1047.

Reakcja pogańska

Kazimierz musiał opuścić Polskę i znalazł schronienie najpierw na Węgrzech na dworze Stefana I, a potem w Niemczech na dworze cesarskim. Jego wyjazd stworzył warunki dla wybuchu tak zwanej reakcji pogańskiej, czyli powstania ludowego wymierzonego przeciwko Kościołowi i możnym. Objęło ono swym zasięgiem dawne państwo gnieźnieńskie, czyli obszar, który był bezpośrednio zarządzany przez Kazimierza i po jego wyjeździe pozostał bez struktur władzy. Podczas tego powstania zniszczono obiekty kultu chrześcijańskiego w Gnieźnie, Poznaniu, Gieczu i innych grodach dzisiejszej Wielkopolski. Bunt pogański dowiódł, że chrześcijaństwo nie było jeszcze zakorzenione wśród ludu, który nadal czuł przywiązanie do dawnych bóstw. Powstanie to mogło być także reakcją na wzrastające od czasów Chrobrego obciążenia ludności wiejskiej.

Najazd Brzetysława

W r. 1039 (niektóre źródła podają rok 1038) na Polskę najechał czeski książę Brzetysław. Spustoszył Wielkopolskę, a przede wszystkim Gniezno i Poznań. Spalona została katedra gnieźnieńska, z której Czesi wywieźli do Pragi relikwie św. Wojciecha. W drodze powrotnej Brzetysław przyłączył do państwa czeskiego Śląsk.

Odbudowa Polski przez Kazimierza Odnowiciela

Okoliczności objęcia władzy przez Kazimierza

Po spustoszeniu zachodniej Polski przez Brzetysława cesarz Henryk III zdał sobie sprawę, że Czechy mogą wyrosnąć na regionalną potęgę na wschód od granic Niemiec. Odbudowa państwa polskiego leżała więc w interesie Niemiec, gdyż w ten sposób można było zrównoważyć wzrastającą siłę Czech. Dlatego też cesarz postanowił przydzielić Kazimierzowi pół tysiąca rycerzy niemieckich i skłonił go do powrotu do Polski.

O skali zniszczeń Wielkopolski, dokonanych przez najazd Brzetysława, świadczy fakt, iż Kazimierz powrócił nie do Poznania, lecz do Krakowa, który stał się od tej pory centrum politycznym państwa polskiego. Zmiana stolicy spowodowała, iż Polska mogła od tej pory utrzymywać bliższe niż przedtem stosunki z Węgrami i Rusią.

Sojusze i odzyskiwanie utraconych terytoriów

Sojusz Kazimierza z Jarosławem Mądrym

Chcąc przełamać wrogość w stosunkach z Rusią, Kazimierz zdecydował się w r. 1043 na zawarcie małżeństwa z siostrą Jarosława Mądrego, Dobroniegą. Natomiast siostra Kazimierza, Gertruda, została wydana za mąż za brata władcy Rusi, księcia Izjasława. Tą metodą zawiązany został również sojusz z Węgrami: druga siostra Kazimierza (nieznana z imienia) wyszła za węgierskiego następcę tronu Belę I.

Dzięki sojuszowi z Jarosławem Mądrym Kazimierz odzyskał Mazowsze: w r. 1047 ruska pomoc zbrojna przyczyniła się do rozbicia wojsk Masława. Separatystyczny władca Mazowsza zginął na polu walki. Ceną za sojusz z Jarosławem było oddanie Rusi ziem nadbużańskich z Bełzem,

Chełmem i Brześciem. Kazimierz opanował również Pomorze Wschodnie, które oderwało się po śmierci Mieszka II.

Odzyskanie Śląska i zjazd w Kwedlinburgu

Trudniejsze okazały się starania o odzyskanie Śląska. Po raz pierwszy Kazimierz wyprawił się na tę ziemię już w roku 1040. Książę Brzetysław postanowił jednak wówczas ukorzyć się przed cesarzem Henrykiem III i uzyskał zgodę na dalsze posiadanie Śląska. Władca Polski atakował Śląsk jeszcze dwukrotnie: w r. 1046 i 1050. W efekcie doprowadził do cesarskiej mediacji w Kwedlinburgu w roku 1054. W jej wyniku Śląsk powrócił do Polski, ale jako czeskie lenno. Kazimierz zobowiązał się wypłacać z tego tytułu władcy czeskiemu 500 grzywien srebra i 30 grzywien złota rocznie (grzywna była ówczesną jednostką wagi kruszców; jedna grzywna stanowiła równowartość ok. 200 gramów).

Odbudowa administracji kościelnej

Po rewolcie pogańskiej i najeździe Brzetysława Kościół polski znalazł się w ruinie. Jego odbudowa była – obok terytorialnej konsolidacji państwa – najważniejszym zadaniem Kazimierza. Stała się ona możliwa głównie dzięki pomocy duchowieństwa niemieckiego z zakonu benedyktynów. Szczególną rolę odegrał klasztor benedyktyński w Brauweiller koło Kolonii, którego mnisi przybyli do Polski wraz z Kazimierzem i zamieszkali początkowo na Wawelu, w kościele św. Gereona. Później przenieśli się w roku 1044 do klasztoru ufundowanego przez Kazimierza w podkrakowskim Tyńcu. Jeden z mnichów benedyktyńskich, Aaron, został około roku 1046 biskupem krakowskim. Kazimierz Odnowiciel prawdopodobnie ufundował także drugie opactwo benedyktyńskie – w Mogilnie niedaleko Gniezna.

Ponieważ arcybiskupstwo gnieźnieńskie było od czasu reakcji pogańskiej całkowicie zrujnowane, jego funkcje przejął Kraków. W r. 1046 biskup krakowski Aaron otrzymał w Kolonii od papieża Benedykta IX paliusz – symbol władzy arcybiskupiej, choć sam Kraków nie został podniesiony do rangi arcybiskupstwa.

Benedyktyni byli nie tylko doradcami i urzędnikami księcia, ale także przystąpili do rekonstruowania zniszczonej struktury kościelnej – właśnie wtedy zaczęto tworzyć parafie jako podstawowe wspólnoty wiernych.

Siły zbrojne

Kazimierz Odnowiciel zrezygnował z utrzymywania stałej drużyny książęcej, zastępując ją obowiązkiem stawiania się rycerstwa na wezwanie władcy – obowiązek ten wynikał z faktu użytkowania ziemi nadanej przez księcia. Taka metoda formowania sił zbrojnych była dla państwa znacznie tańsza niż finansowanie stałej drużyny, tym bardziej, że rycerz sam musiał się wyposażyć do walki. Nie zmuszała ponadto władcy do prowadzenia ciągłych wojen w celu zaspokojenia materialnych potrzeb członków drużyny. Władca musiał natomiast w coraz większym stopniu liczyć się z właścicielami dużych majątków ziemskich.

Państwo i społeczeństwo wczesnopiastowskie

Organizacja państwa

Struktura władzy

Na czele struktury państwowej stał książę, nie posiadał on jednak władzy absolutnej, lecz korzystał z pomocy i opinii rady składającej się z możnowładców świeckich i duchownych. Dobór członków rady zależał całkowicie od woli panującego. Książę miał oparcie w drużynie, którą w zastępstwie księcia dowodził wojewoda, będący jednocześnie komesem pałacowym (zarządcą dworu). Niedawne odkrycia grobów rycerzy normańskich w okolicach Poznania wskazują, że Normanowie mogli stanowić znaczną część drużyny w okresie wczesnopiastowskim. Byli w niej również jeźdźcy zwerbowani z plemion koczowniczych, którzy doskonale posługiwali się łukiem.

Rezydencje książęce

Rezydencje książęce znajdowały się w Gnieźnie (zostało ono wymienione w roli stolicy w *Dagome iudex*), w Poznaniu, w Gieczu na południe od Poznania, rolę najstarszej, rodowej siedziby Piastów pełnił gród na Ostrowie Lednickim w pobliżu Gniezna, gdzie archeolodzy odkryli ślady kaplicy w kształcie rotundy oraz pałacu książęcego. Ważnymi grodami były także Kruszwica nad jeziorem Gopło, Płock na Mazowszu, Kraków i Sandomierz na południu Polski oraz Wrocław, Głogów i Niemcza na Śląsku.

Grody i prowincje

W grodach rezydowali komesowie grodowi, którzy jako przedstawiciele księcia dysponowali pełnią władzy administracyjnej, sądowniczej i wojskowej w poszczególnych okręgach grodowych. Wchodziły one w skład większych jednostek terytorialnych – prowincji, na których czele stali namiestnicy mianowani przez księcia.

Państwo polskie pod koniec panowania Mieszka I miało powierzchnię około 250 tys. km^2 i liczyło około 1,2-1,5 mln mieszkańców. Po epizodzie podbojów Bolesława Chrobrego i utracie jego zdobyczy terytorialnych za Mieszka II, mniej więcej powróciło do wielkości z końca panowania swojego pierwszego historycznego władcy.

Struktura społeczna

Najliczniejszą grupą społeczną byli wolni chłopi, żyjący w terytorialnych wspólnotach sąsiedzkich zwanych opolami. Ich obowiązkiem było dostarczanie księciu danin w naturze, służących utrzymaniu grodów i całej struktury państwowej.

Obok oddziałów drużyny książęcej w grodach przebywali urzędnicy, którzy nadzorowali ściąganie danin. Wokół grodów rozwijały się podgrodzia, zasiedlane przez rzemieślników i ludność służebną, czyli pracującą wyłącznie na potrzeby dworu książęcego. Podgrodzia przylegały do wałów obronnych – w razie niebezpieczeństwa ich mieszkańcy chronili się w grodzie.

Dostojnicy państwowi dzięki dochodom gromadzonym w związku z piastowaniem stanowisk stopniowo tworzyli warstwę możnowładców.

Na samym dole hierarchii społecznej znajdowała się ludność niewolna – tworzyli ją głównie jeńcy wojenni, będący własnością panującego lub możnowładców. Praca niewolnych umożliwiała rozrost majątków ziemskich znajdujących się w rękach władcy i jego współpracowników. Niewola osobista była dziedziczona.

Prawo książęce

We wczesnym średniowieczu władca posiadał szerokie uprawnienia wynikające z prawa książęcego (*ius ducale*). Na prawo książęce składały się regalia, czyli książęce monopole oraz uprawnienia w stosunku do ludności i dóbr.

Regalia

Wśród regaliów jednym z najważniejszych było regale ziemne. Monopol ten oznaczał, iż monarcha zarządza całą niezagospodarowaną ziemią, może swobodnie nią dysponować, ma także prawo do przeprowadzania konfiskat ziemi. Regale górnicze oznaczało monopol władcy na eksploatację surowców mineralnych, regale wodne – monopol na wykorzystywanie gospodarcze wybrzeża morskiego oraz rzek i jezior, regale łowieckie – monopol na polowania na grubego zwierza, regale leśne sprowadzało się do poboru od ludności danin z tytułu użytkowania lasów, regale grodowe oznaczało monopol na posiadanie grodów obronnych. Ważną rolę w dochodach książęcych odgrywało także regale handlowe (wyłączne prawo do organizowania targów), mennicze (monopol na bicie monety), celne i drogowe.

Ciężary prawa książęcego

Oprócz regaliów władca czerpał korzyści z ciężarów prawa książęcego, jakie musieli ponosić jego poddani. Ciężary te miały charakter zarówno grupowy, jak i indywidualny. Do ciężarów grupowych zaliczano: obronę kraju przed zagrożeniem z zewnątrz, naprawę szlaków drogowych, stróżę – czyli strzeżenie grodów bądź danina na ten cel przekazywana komesom grodowym, stan – czyli zapewnianie utrzymania podróżującemu władcy i jego orszakowi, podwodę – czyli dostarczanie koni wierzchowych oraz powóz – dostarczanie wozów z zaprzęgiem.

Do świadczeń indywidualnych należała danina w zbożu, którą w zależności od sposobu obliczania nazywano podymnym (liczona była wtedy od gospodarstwa), poradlnym (od powierzchni ziemi uprawnej) lub powołowym (od liczby wołów w gospodarstwie). Daninę tę w miarę rozwoju gospodarki towarowo-pieniężnej zaczęto uiszczać w pieniądzu.

Innym świadczeniem indywidualnym była danina w bydle i nierogaciźnie, nazywana narzazem (od sposobu jej obliczania: przez nacięcia na laskach).

Pełne średniowiecze

Rywalizacja między cesarstwem a papiestwem

Pozycja papiestwa w I połowie XI wieku

Cezaropapizm

W latach 1039-1056 cesarzem rzymskim był Henryk III, władca o silnej osobowości i zdecydowany w działaniu, który doprowadził najpierw do złamania opozycji książąt na obszarze Niemiec, a następnie umocnił swoją pozycję w Italii. Tron papieski obsadzał prałatami niemieckimi, zachowującymi wobec niego całkowitą lojalność. Najdłużej w okresie jego panowania na Stolicy Piotrowej zasiadał papież Leon IX (1049-1054), będący kuzynem cesarza.

Model stosunków między władzą cesarską a papieską, ugruntowany w okresie rządów Henryka III, nosi nazwę cezaropapizmu. Sprowadzał się on do absolutnej dominacji władzy cesarskiej. Cesarz uważany był za patrona Kościoła, papież obejmował tron z jego woli.

Dążenie do emancypacji papiestwa

Sytuacja zmieniła się, gdy tron w Niemczech objął sześcioletni Henryk IV (1056-1105). W okresie regencji, trwającej do r. 1065, znacznie osłabła pozycja władcy niemieckiego, co wykorzystali kolejni papieże, dążąc do wyzwolenia papiestwa spod wpływów świeckich. Papież Mikołaj II wydał w r. 1058 dekret ustanawiający nowe zasady wyboru głowy Kościoła katolickiego – od tej pory nie cesarz, lecz kolegium kardynalskie miało decydować o obsadzie tronu św. Piotra. W r. 1073 papieżem został Grzegorz VII, stawiając sobie dwa zasadnicze cele: reformę wewnętrzną Kościoła i umocnienie jego pozycji wobec władzy świeckiej.

Reforma Grzegorza VII

Nowy papież Hildebrand, który przybrał imię Grzegorza VII (1073-1085), pochodził z Toskanii. Od siódmego roku życia prowadził życie klasztorne, w tym przez kilka lat przebywał w klasztorze w Cluny, przewodzącym w ówczesnej walce o czystość moralną duchowieństwa.

Celibat i zakaz symonii

Grzegorz VII wymagał od kleru absolutnego posłuszeństwa i czystości, czego wyrazem było wprowadzenie bezwzględnego celibatu oraz przepisów zakazujących symonii (handlu urzędami kościelnymi). Zadaniem duchownych było – według niego – tworzenie *właściwego porządku świata*, polegającego na przewadze wartości moralnych, wynikających z prawa boskiego, nad wartościami życia doczesnego. Z tego poglądu Grzegorz VII wywodził tezę o przewadze władzy duchownej nad świecką – władza duchowna reprezentuje bowiem wyższy, boski porządek.

Papalizm

Doktryna Grzegorza VII, zwana papalizmem, zawierała następujące elementy: Kościół powinien być całkowicie niezależny od władzy świeckiej, papież wybierany przez kardynałów, biskupi mianowani przez papieża, Stolica Apostolska ma być centrum zarządzania sprawami Kościoła, papieżowi przysługuje prawo do ostatecznej kontroli nad władzą cesarską, papież może zwalniać poddanych od obowiązku posłuszeństwa wobec władcy świeckiego.

W dokumencie *Dictatus papae* (r. 1075) Grzegorz VII wymienił następujące kompetencje papieża wobec władzy świeckiej: tylko papież dysponuje insygniami cesarskimi, wszyscy władcy świeccy powinni całować jego stopy, papież może detronizować cesarzy.

Konflikt między Grzegorzem VII a Henrykiem IV

Spór o inwestyturę

Głównym przejawem konfliktu był spór o inwestyturę, czyli o prawo nadawania urzędów kościelnych. Spór ten był wyrazem szerszej kontrowersji, dotyczącej charakteru relacji między władzą duchowną a świecką.

W r. 1075 synod w Rzymie uchwalił zakaz przyjmowania przez duchownych inwestytury z rąk władców świeckich. Rządzącym, którzy nadal nadawaliby godności kościelne, groziła klątwa. Synod potępił nikolaizm, czyli nieprzestrzeganie celibatu przez przedstawicieli duchowieństwa.

Grzegorz VII rzuca klątwę na Henryka IV

W styczniu 1076 r. król Henryk IV (koronował się na cesarza dopiero w r. 1084) zwołał do Wormacji synod 26 biskupów niemieckich, którzy ogłosili złożenie Grzegorza VII z urzędu papieskiego. W odwecie Grzegorz VII rzucił na Henryka IV klątwę i ogłosił jego detronizację za niepodporządkowanie się uchwałom synodu rzymskiego z r. 1075.

Po tej decyzji Grzegorza VII zaktywizowała się opozycja antykrólewska w Niemczech, żądając od Henryka IV stawienia się przed sejmem Rzeszy w celu oczyszczenia się z zarzutów.

Canossa

Król niemiecki obawiając się utraty tronu udał się w styczniu 1077 r. do Italii, by zabiegać u papieża o zdjęcie ekskomuniki. Papież Grzegorz VII wyruszył właśnie wtedy z Rzymu na sejm Rzeszy, jednak na wieść o podróży Henryka IV, nie znając jego intencji, schronił się do zamku toskańskiej hrabiny Matyldy w Canossie. Tam przybył Henryk IV i pod murami Canossy odbył pokutę. Skłoniło to papieża do zdjęcia klątwy.

Rozprawa Henryka IV z opozycję

Po otrzymaniu rozgrzeszenia Henryk IV przystąpił do rozprawy z opozycją w Niemczech, którą pokonał w trakcie wojny domowej w latach 1077-1080. Następnie powrócił do Włoch, by wyrównać swoje rachunki z Grzegorzem VII. W czerwcu 1080 r. zwołał do Brixen w Tyrolu synod biskupów, który pozbawił Grzegorza VII tiary i wybrał na papieża arcybiskupa Rawenny, Wiberta, jako Klemensa III. Cztery lata później wojska niemieckie weszły do Rzymu – odbyła się wtedy intronizacja nowego papieża oraz koronacja cesarska Henryka IV. Grzegorz VII zmarł na wygnaniu w Salerno na południu Włoch w 1085 r.

Za pontyfikatu Urbana II (1088-1099) szala zwycięstwa znów przechyliła się na stronę zwolenników reformy gregoriańskiej. Jednak następca Urbana II, papież Paschalis II (1099-1118) uległ cesarzowi Henrykowi V i zaakceptował w roku 1111 legalność świeckiej inwestytury.

Konkordat w Wormacji

Kompromis między papieżem a cesarzem stał się możliwy dopiero gdy papieżem został Kalikst II (1119-1124). Zmęczone sporem strony osiągnęły porozumienie podczas spotkania w Wormacji w 1122 r. Ugoda (nieprecyzyjnie nazywana konkordatem) przewidywała następujące rozstrzygnięcia w kwestii mianowania na najwyższe stanowiska kościelne: cesarz zrzekł się inwestytury *przez pierścień*, czyli prawa mianowania biskupów i opatów, i zgodził się na ich wybór przez duchowieństwo; zachował natomiast prawo nadawania wybranym przez duchowieństwo biskupom i opatom dóbr lennych.

Od tej pory wybór biskupa dokonywany był przez kolegium składające się z członków kapituły katedralnej, czyli kanoników.

Prawo kanoniczne

Następcy Grzegorza VII stworzyli – jako mechanizm oddziaływania Kościoła na życie społeczne – prawo kanoniczne, które określało przepisy dotyczące jurysdykcji nad duchowieństwem, ale także regulowało takie kwestie, jak małżeństwo, zasady dziedziczenia oraz uprawnienia wdów i sierot. Większość z tych spraw miało być rozstrzyganych przez sądy biskupie, od których można się było odwołać do konstystorza – organu składającego się z papieża i kardynałów. Dla papieża zarezerwowane było prawo dyspensy, czyli zwolnienia od obowiązujących przepisów prawa kanonicznego w przypadkach szczególnych.

Od II połowy XII wieku znaczenie sądownictwa kościelnego tak wzrosło, że na urząd papieski wybierano z reguły doświadczonych specjalistów w dziedzinie prawa, podczas gdy wcześniej papieżami zostawali z reguły mnisi.

Innocenty III (1198-1216)

Idea zjednoczenia chrześcijaństwa
Papież ten zyskał sobie opinię najwybitniejszego papieża średniowiecza. Wybrany został na Stolicę Piotrową, gdy miał 37 lat. Posiadał wykształcenie w dziedzinie teologii i prawa kanonicznego. Za cel swojego pontyfikatu uznał ponowne zjednoczenie chrześcijaństwa pod hegemonią papieską. Twierdził, że ma prawo przywoływać do porządku władców świeckich, którzy „zgrzeszyli" – co było określeniem pozwalającym na bardzo szeroką interpretację.

Papież jako polityk

Dążąc do zapewnienia papiestwu solidnej bazy terytorialnej, Innocenty III scentralizował Państwo Kościelne, likwidując w nim wpływy świeckich feudałów – z tego powodu często był uważany za właściwego założyciela Państwa Kościelnego. Ingerował w politykę wewnętrzną Niemiec, doprowadzając do wyboru na cesarza swojego kandydata – Fryderyka II z dynastii Hohenstaufów. Zmusił króla Anglii Jana bez Ziemi – nakładając na Anglię interdykt, a następnie pozbawiając monarchę angielskiego korony – do zaakceptowania papieskiego kandydata na arcybiskupa Canterbury Stefana Langtona. Zapewnił papiestwu nowe wysokie dochody, skłaniając Anglię, Aragonię, Portugalię, Węgry i Sycylię do przyjęcia statusu lenna Stolicy Apostolskiej, z czym wiązało się płacenie corocznego trybutu.

IV sobór laterański

Ukoronowaniem jego pontyfikatu był IV sobór laterański, obradujący w Rzymie w r. 1215. Zdefiniowano wówczas główne dogmaty wiary (między innymi teorię transsubstancjacji, która głosi, że Chrystus jest realnie obecny w eucharystii pod postacią chleba i wina, a także zasadę prymatu papieża), określono obowiązki biskupów (między innymi wizytowanie diecezji, kształcenie księży, zwoływanie synodów) oraz zobowiązano wyznawców judaizmu i islamu mieszkających wśród chrześcijan do noszenia specjalnych żółtych oznak naszywanych na ubranie i żółtych czapek.

Schizma wschodnia

Chrześcijaństwo obrządku bizantyjskiego (wschodniego) obejmowało swym zasięgiem w XI wieku oprócz Bizancjum także Ruś Kijowską i Bałkany. W Kościele wschodnim najwyższą prestiżowo pozycję zajmował patriarcha Konstantynopola. W połowie XI wieku urząd ten sprawował Michał Cerulariusz. Patriarcha ten oskarżył w r. 1054 Rzym o odejście od czystości kultu religijnego – pretekstem stała się sprawa używania przez wyznawców Kościoła rzymskiego opłatka zamiast kwaśnego chleba podczas udzielania sakramentu eucharystii. Konflikt doprowadził do wzajemnego obłożenia ekskomuniką papieża i patriarchy Konstantynopola. W ten sposób zerwana została jedność Kościoła chrześcijańskiego.

Wyprawy krzyżowe

Narodziny idei krucjat

Rekonkwista

Idea wypraw krzyżowych, czyli krucjat, narodziła się w związku z sytuacją na Półwyspie Iberyjskim, gdzie w XI wieku istniały chrześcijańskie królestwa Kastylii i Leonu, prowadzące walkę z coraz słabszym arabskim kalifatem Kordoby. Hiszpanie walkę tę nazwali rekonkwistą, czyli zbrojnym odzyskiwaniem ziem niegdyś chrześcijańskich, podbitych we wczesnym średniowieczu przez wyznawców islamu. W r. 1085 rycerze chrześcijańscy odbili z rąk Arabów Toledo – miasto słynące z produkcji doskonałej jakości wyrobów ze stali.

Papież Aleksander II zaapelował w r. 1063 do rycerstwa europejskiego o wsparcie chrześcijan w Hiszpanii, powołując się na rycerski obowiązek stawania w obronie wiary. Apel ten uznano później za moment inicjujący ideę krucjat.

Ekspansja Turków seldżuckich

Jednak właściwy ruch krucjatowy wiązał się z ekspansją Turków seldżuckich. Lud ten przybył z Azji Środkowej i podbił kalifat Abbasydów, w tym w r. 1070 Syrię i Ziemię Świętą. Bagdad, będący stolicą kalifatu, został zdobyty już w r. 1055. Seldżucy stali się poważnym zagrożeniem dla cesarstwa bizantyjskiego – o pomoc do państw europejskich zwrócił się w r. 1091 cesarz Aleksy Komnen. Miał on nadzieję, że dzięki tej pomocy Bizancjum zdoła odzyskać utracone terytoria w Azji Mniejszej. Odpowiedział mu papież Urban II na synodzie w Clermont w r. 1095, apelując do rycerstwa o udział w wyprawie przeciwko Turkom.

Przyczyny wypraw krzyżowych

Przeszkody w pielgrzymowaniu

Turcy seldżuccy po opanowaniu Ziemi Świętej doprowadzili do zahamowania ruchu pielgrzymkowego do grobu Chrystusa oraz uciskali chrześcijan żyjących na Bliskim Wschodzie, co wywołało powszechne oburzenie w świecie chrześcijańskim. W tej atmosferze szczególnie mocno zaczął przemawiać do wyobraźni europejskiego rycerstwa oraz szerokich rzesz ludności postulat wyzwolenia Ziemi Świętej i nawracania żyjących tam pogan.

Głód ziemi

Oprócz motywacji religijnej istotna była także motywacja społeczna: feudalny podział majątków doprowadził do tego, że w rodzinach szlacheckich brakowało ziemi, szczególnie dla zapewnienia bytu materialnego młodszym synom – tym bardziej, że przy dziedziczeniu coraz powszechniej była stosowana zasada primogenitury, oznaczająca, iż majątek w całości przechodzi na najstarszego syna. Wyprawy na Bliski Wschód dawały szansę na poprawę tej sytuacji, na zdobycie majątków i bogactw. Przeludnienie wsi w Europie zachodniej powodowało, że ludność chłopska także była zainteresowana poszukiwaniem nowych ziem pod osadnictwo.

Nie bez znaczenia był również czynnik polityczny: ponawiane prośby cesarstwa bizantyjskiego o pomoc nie mogły być pozostawione bez odpowiedzi, ponadto monarchowie europejscy liczyli na wzmocnienie swego prestiżu i autorytetu dzięki udziałowi w krucjatach.

Krucjata ludowa (1096)

Wezwanie papieża Urbana II do krucjaty przeciwko Turkom trafiło na podatny grunt wśród rzesz ludowych żyjących na pograniczu Francji i Niemiec. Obszar ten nawiedzony został przez nieurodzaj, którego konsekwencją był głód. Zdesperowana ludność uległa agitacji pustelnika Piotra z Amiens i zaczęła masowo zgłaszać się do udziału w krucjacie. Uczestników tej wyprawy, zwanej ludową, szacuje się na około 100 tys.

Ochotnicy wyruszyli na wschód wiosną 1096 r. w pięciu oddziałach, przez Bawarię, Czechy, Węgry i Bałkany. Żaden z oddziałów nie dotarł jednak do Ziemi Świętej. Już nad Renem wielu uczestników stało się ofiarami grabieży, do walk z miejscowym rycerstwem doszło na Węgrzech i na Bałkanach. Tylko dwa oddziały dotarły w sierpniu 1096 r. do Konstantynopola, jednak po przeprawieniu się przez cieśninę Bosfor na brzeg azjatycki zostały wybite przez Turków.

Krucjaty rycerskie

I krucjata

Odbyła się ona w latach 1096-1099, wzięło w niej udział 4,5 tys. rycerzy głównie francuskich i flandryjskich, ale także włoskich, niemieckich i normandzkich, oraz około 30 tys. piechoty. Jej uczestnicy przez Anatolię dotarli na Bliski Wschód i w lipcu 1099 r. zdobyli Jerozolimę. Krzyżowcy założyli Królestwo Jerozolimy, którego pierwszym władcą został Godfryd z Bouillon, z tytułem *obrońcy Grobu Świętego* (tytuł królewski przyjął następca Gotfryda, jego brat Baldwin w r. 1110). Utworzono także na ziemiach zabranych Seldżukom państewka feudalne: księstwo Antiochii (miasto to zostało zdobyte w czerwcu 1098 r.), hrabstwo Trypolisu oraz hrabstwo Edessy. Były to pierwsze w historii przykłady europejskiej kolonizacji.

II krucjata

W r. 1144 muzułmanom udało się odbić hrabstwo Edessy, państewko leżące po obu brzegach Eufratu. Stało się to bezpośrednim powodem zorganizowania drugiej krucjaty.

II krucjatę przeprowadzono w latach 1147-1149. Jej inicjatorem był król Francji Ludwik VII, który wygłosił apel do rycerstwa na zjeździe w kościele cystersów w Vezelay (Burgundia) w marcu 1146 r. Wyprawą dowodzili Ludwik VII oraz cesarz Konrad III. Krzyżowcy ponieśli serię klęsk w starciach z oddziałami sułtana Saladyna, który zdobył większość terytorium Królestwa Jerozolimy – w październiku 1187 r. w jego ręce przeszła Jerozolima.

III krucjata

Miała miejsce w latach 1189-1192 pod dowództwem cesarza Fryderyka I Barbarossy, króla Anglii Ryszarda Lwie Serce i króla Francji Filipa Augusta. Krzyżowcy odbili z rąk tureckich pas nadmorski Ziemi Świętej od Jaffy po Bejrut, opanowali także należący do Bizancjum Cypr. W wyprawie śmierć poniósł cesarz Fryderyk I – podczas kąpieli utonął w rzece Selef w Azji Mniejszej.

IV krucjata

Rozegrała się w latach 1202-1204. Była ona inspirowana przez Republikę Wenecką, której zależało na złamaniu znaczenia handlowego Bizancjum. Uczestnicy zdobyli Konstantynopol i utworzyli Cesarstwo Łacińskie w miejsce Cesarstwa Bizantyjskiego. Przetrwało ono do roku 1261, kiedy władzę odzyskał cesarz bizantyjski.

V krucjata

Odbyła się w latach 1217-1221. Jej głównym organizatorem był król Węgier Andrzej II, a uczestnikami rycerze węgierscy i północnoniemieccy. Po kilku klęskach krzyżowcy wycofali się do Europy.

VI krucjata

Podjęta w latach 1228-1229 pod naciskiem papieża Graegorza IX, była w gruncie rzeczy akcją dyplomatyczną przeprowadzoną przez cesarza Fryderyka II (pomogła mu w tym jego znajomość języka arabskiego). Na mocy układu zawartego w Jaffie w lutym 1229 roku sułtan Egiptu al-Kamil odstąpił Królestwu Jerozolimskiemu utraconą przez krzyżowców w r. 1187 Jerozolimę, Betlejem i Nazaret. Fryderyk II i Al.-Karim przyrzekli sobie wzajemną pomoc w przypadku jakiejkolwiek ingerencji z zewnątrz w sprawy podzielonego Królestwa Jerozolimskiego. W marcu 1229 roku Fryderyk II uroczyście wjechał do Jerozolimy i został koronowany na króla jerozolimskiego.

Jednak w r. 1244 krzyżowcy ponownie utracili Jerozolimę, w ich rękach pozostała jedynie niewielka enklawa wokół twierdzy Akka.

VII krucjata

Rozegrała się w latach 1248-1254. Jej organizatorem był król Francji Ludwik IX, a jej celem było opanowanie Egiptu. Rycerze francuscy zdobyli twierdzę Damietta i ruszyli na Kair, lecz o ich klęsce przesądziła epidemia malarii, która nawiedziła wojsko w delcie Nilu. Ludwik IX wraz z armią dostał się do niewoli, z której został uwolniony za wysokim okupem.

VIII krucjata

Miała miejsce w r. 1270, dowodził nią również Ludwik IX. Tym razem wylądował on w Tunisie, licząc na poparcie miejscowego sułtana w działaniach zbrojnych przeciwko Egiptowi. Pomocy nie uzyskał, zmarł w Tunisie w wyniku szerzącej się tam epidemii.

W r. 1291 upadła Akka – ostatnia twierdza krzyżowców w Królestwie Jerozolimskim.

Zakony rycerskie

Geneza zakonów rycerskich sięga bractw, których zadaniem było opiekowanie się pielgrzymami przybywającymi do Ziemi Świętej. Początkowo ta opieka polegała na prowadzeniu szpitali i hospicjów, jednak wobec zagrożenia ze strony muzułmanów trzeba było także zadbać o bezpieczeństwo pielgrzymów, dlatego też niektóre bractwa szpitalników przekształciły się w zakony rycerskie, specjalizujące się w walce zbrojnej z poganami.

Templariusze

Ich nazwa pochodzi od łacińskiego *templum*, czyli *świątynia*, gdyż mieli siedzibę w pobliżu świątyni Salomona w Jerozolimie. Nosili białe płaszcze z czerwonymi krzyżami. Założycielem tego zakonu był Hugon z Payens, rycerz przybyły do Ziemi Świętej z Szampanii w r. 1118. Templariuszy obowiązywała opracowana przez Bernarda z Clairvaux reguła zakonna wzorowana na regule cystersów. Jej cechą charakterystyczną było wysunięcie na plan pierwszy braci świeckich, którzy oprócz składania ślubów czystości, posłuszeństwa i ubóstwa zobowiązywali się do obrony pielgrzymów i prowadzenia walki zbrojnej z poganami. W zakonie templariuszy przeważali Francuzi.

Joannici

Istnieli jako zakon rycerski od r. 1083, wcześniej – jako bractwo św. Jana – prowadzili od r. 1070 szpital dla pielgrzymów w Jerozolimie. Rozpoznać ich można było po czarnych płaszczach z białymi krzyżami. W zakonie tym przeważali Włosi.

Krzyżacy

Powstali jako zakon w r. 1190 ze zreorganizowanego niemieckiego bractwa szpitalnego, które istniało w Jerozolimie od r. 1128. Za twórcę tego zakonu uważany jest książę Fryderyk Szwabski. Oficjalna nazwa brzmiała: Zakon Szpitala Najświętszej Marii Panny Domu Niemieckiego w Jerozolimie. Rycerze tego zakonu nosili białe płaszcze z czarnymi krzyżami.

Skutki wypraw krzyżowych

Polityczne straty papiestwa

Skutki krucjat miały zarówno polityczny, jak i społeczno-ekonomiczny charakter. Z tych pierwszych należy przede wszystkim wymienić spadek prestiżu papiestwa po niepowodzeniach kolejnych wypraw. Gdy papież Bonifacy VIII obchodził jubileusz roku 1300, zapowiedział całkowite odpuszczenie grzechów tym wszystkim, którzy udadzą się z pielgrzymką do Rzymu. Oznaczało to, iż od tej pory nie Ziemia Święta, ale Rzym będzie najważniejszym celem pielgrzymowania.

Kontakt z dorobkiem cywilizacji Wschodu

Spośród skutków społeczno-ekonomicznych najważniejszy był ten, że wyprawy krzyżowe poszerzyły horyzonty ludzi Zachodu, pozwoliły im zetknąć się ze światem arabskim i czerpać z jego dorobku cywilizacyjnego. Krucjaty przyczyniły się do umocnienia pozycji miast włoskich – Wenecji i Genui – w handlu lewantyńskim. Na potrzeby tego handlu rozwinęły się w XIII wieku wielkie ośrodki produkcji sukienniczej we Flandrii i Florencji. Konieczność przesyłania pieniędzy na duże odległości uruchomiła z kolei rozwój technik bankowych. W sumie nastąpiło przyspieszenie rozwoju gospodarki towarowo-pieniężnej w Europie.

Kryzys cesarstwa bizantyjskiego

Jednocześnie pogłębił się upadek cesarstwa bizantyjskiego, złupionego przez krzyżowców – co w konsekwencji ułatwiło ekspansję turecką na Europę. Krucjaty zapoczątkowały także dzieje europejskiego kolonializmu.

Przezwyciężanie rozbicia politycznego Europy

W wyprawach krzyżowych wzięło udział tysiące rycerzy, wśród których było wielu synów szlacheckich niemających szans na odziedziczenie bądź zdobycie majątku w swych europejskich ojczyznach. Pozbycie się z Europy tego niepewnego, sfrustrowanego elementu ludzkiego oznaczało, iż monarchowie europejscy mogli szybciej i skuteczniej centralizować swe państwa, unikając niebezpieczeństwa wojen domowych i buntów.

Monarchie feudalne w pełnym średniowieczu

Niemcy

Fryderyk Rudobrody

Władcą, który dążył do wzmocnienia monarchii niemieckiej poprzez ugruntowanie pozycji i autorytetu cesarza rzymskiego, był Fryderyk I Rudobrody (1152-1190) z dynastii Hohenstaufów. Wyrazem chęci podniesienia autorytetu cesarstwa w sferze symbolicznej było upowszechnienie przez niego nazwy *Święte Cesarstwo Rzymskie*, by podkreślić, że wywodzi się ono od cesarstwa rzymskiego i jest błogosławione przez Boga.

Warunkiem silnej pozycji cesarza było osłabienie znaczenia książąt Rzeszy. Obejmując władzę z ich woli, Fryderyk I musiał jednak liczyć się z ich siłą. Dla pozyskania potężnego rodu Welfów poszerzył autonomię księcia Saksonii Henryka Lwa. By w perspektywie zdominować książąt niemieckich, Fryderyk chciał podporządkować sobie całkowicie Italię i stworzyć z niej swoją bazę polityczną, tym bardziej że jego rodzinne księstwo Szwabii w południowych Niemczech należało do najuboższych rejonów Rzeszy.

Liga Lombardzka i bitwa pod Legnano

Miasta północnych Włoch, czując się zagrożone przez imperialne ambicje Fryderyka I, założyły Ligę Lombardzką na czele z Mediolanem. Sojusz ten, wspierany przez papiestwo, postanowił walczyć o niezależność Italii.

W r. 1176 w bitwie pod Legnano wojska Ligi Lombardzkiej pokonały siły Fryderyka I. Cesarz został zmuszony do faktycznego uznania niezależności północnej Italii, choć formalnie znajdowała się ona nadal w granicach cesarstwa.

Fryderyk II i walki we Włoszech

Ponowną próbę wzmocnienia cesarstwa podjął wnuk Fryderyka Rudobrodego, Fryderyk II (1212-1250), uważany za jednego z najbardziej fascynujących władców średniowiecza. Wychowywał się w Palermo na Sycylii (jego ojciec Henryk VI uzyskał Królestwo Obojga Sycylii dzięki małżeństwu z księżniczką Konstancją, dziedziczką tronu sycylijskiego), władał sześcioma językami, w tym arabskim, był patronem rozwoju edukacji, napisał książkę o sokolnictwie. Jako cesarz prowadził nieustanne walki ze swoimi przeciwnikami w całych Włoszech, doprowadzając do ruiny szczególnie południową część Półwyspu Apenińskiego. Koncentrując swą uwagę na Italii, w Niemczech przyznał książętom szeroką autonomię, czyniąc ich w praktyce udzielnymi władcami. Po śmierci Fryderyka II nastąpił w Niemczech okres ponaddwudziestoletniego bezkrólewia, po którym władzę objął Rudolf I Habsburg (1273-1291).

Anglia

Dynastia Plantagenetów

W r. 1154 w Anglii wygasła dynastia normandzka, wywodząca się od Wilhelma Zdobywcy (jej ostatnim przedstawicielem na tronie był król Stefan), i władza przeszła w ręce dynastii Plantagenetów. Jej pierwszym reprezentantem był Henryk II (1154-1189). Pod jego panowaniem znalazła się nie tylko Anglia, ale także posiadłości we Francji: Akwitania (dzięki małżeństwu z Eleonorą Akwitańską, byłą żoną króla Francji Ludwika VII), Normandia (odziedziczona po matce Matyldzie), hrabstwa Maine, Poitou i Touraine (odziedziczone po ojcu i bracie) oraz zwierzchność nad hrabstwem Tuluzy. Henryk II stał się największym panem feudalnym we Francji.

Reformy Henryka II

Henryk II przeprowadził w Anglii reformy wewnętrzne, które w istotny sposób wzmocniły monarchię. Dążąc do ograniczenia wpływów feudałów w poszczególnych hrabstwach, usunął szeryfów wywodzących się z warstwy wielkich właścicieli ziemskich i mianował na ich miejsce przedstawicieli warstwy średniej, zależnych od dworu królewskiego. Reforma sądownictwa rozszerzyła kompetencje jurysdykcyjne Kurii Królewskiej kosztem sądownictwa feudałów. Praktyka sądów królewskich wpłynęła na kształtowanie się jednolitego *common law* (prawa precedensowego). W tym procesie kluczową rolę odgrywali sędziowie wędrowni, wysyłani przez dwór do poszczególnych hrabstw.

Reforma wojskowa polegała na wprowadzeniu obowiązku płacenia przez feudałów tak zwanego podatku tarczowego, z którego pokrywano koszty werbowania wojsk najemnych. Edykt z r. 1181 zobowiązywał całą wolną ludność do posiadania uzbrojenia stosownego do jej pozycji majątkowej. Miasta nadmorskie musiały dostarczać królowi okrętów z załogą.

Henryk II wprowadził podatek od dochodów i ruchomości. Po raz pierwszy został on pobrany w r. 1188 jako podatek nadzwyczajny na sfinansowanie udziału rycerzy angielskich w III wyprawie krzyżowej, potem stał się jednak podatkiem stałym.

Dążąc do ograniczenia pozycji Kościoła, Henryk II w konstytucjach ogłoszonych w Clarendon w r. 1164 uszczuplił kompetencje sądów kościelnych, wprowadzając zasadę, że za przestępstwa znajdujące się w kompetencji sądów królewskich duchowni mieli odpowiadać przed tymi sądami, a nie przed sądami kościelnymi. Wprowadził także zakaz opuszczania Anglii przez dostojników kościelnych bez zgody króla. *Konstytucje klarendońskie* doprowadziły do konfliktu między królem a arcybiskupem Canterbury Thomasem Becketem – w r. 1170 arcybiskup został zamordowany przez dworzan królewskich w katedrze w Canterbury.

Po śmierci Henryka II tron objął Ryszard Lwie Serce (1189-1199), który jednak w okresie swojego panowania tylko kilka miesięcy przebywał w Anglii. Resztę czasu poświęcił udziałowi w krucjacie oraz walkach we Włoszech. Z Anglii starał się ściągać jak największe podatki na pokrycie kosztów swej wojaczki.

Problemy Jana bez Ziemi

W r. 1199 władza przeszła w ręce Jana bez Ziemi (1199-1216) – przydomek ten otrzymał w związku z faktem, że ojciec, Henryk II, nie zapisał mu w testamencie żadnych posiadłości, gdyż Jan miał w chwili jego śmierci 5 lat.

W krótkim czasie Jan bez Ziemi zraził sobie poddanych częstymi konfiskatami majątków, bezprawnymi aresztowaniami, a nawet zabójstwami możnych, oraz uciskiem podatkowym. Ta polityka doprowadziła do buntu baronów. Po stronie zbuntowanych baronów opowiedziało się rycerstwo i mieszczaństwo, uzyskali oni także poparcie ze strony Kościoła.

Król Francji Filip II August oskarżył Jana bez Ziemi przed francuskim sądem parów o wiarołomstwo wobec seniora w swych lennach francuskich. Sąd uznał pretensje władcy Francji i zarządził konfiskatę francuskich posiadłości Jana. Wyrok ten zrealizował Filip II August, opanowując w latach 1203-1208 lenna Jana, z wyjątkiem Akwitanii i części Poitou.

W r. 1208 papież Innocenty III obłożył Anglię interdyktem, a następnie w r. 1212 pozbawił Jana bez Ziemi tronu, przekazując go Filipowi II Augustowi. Powodem tej decyzji był brak zgody Jana bez Ziemi na mianowanie Stefana

Langtona arcybiskupem Canterbury. W zaistniałej sytuacji Jan bez Ziemi ukorzył się przed papieżem, uznając się lennikiem Rzymu. W ten sposób uzyskał cofnięcie wcześniejszych decyzji papieskich.

Nadzieje Jana na odzyskanie posiadłości francuskich pogrzebała w roku 1214 bitwa pod Bouvines, w której Francuzi odnieśli walne zwycięstwo nad sojusznikiem Jana, cesarzem Ottonem IV, dowodzącym wojskami niemiecko-flandryjskimi.

Wielka Karta Swobód

Osłabienie władzy królewskiej postanowili wykorzystać angielscy baronowie, domagając się gwarancji przeciwko samowoli monarszej. Król postanowił odpowiedzieć na bunt baronów zbrojnie, jednak opowiedzenie się mieszczaństwa (w tym przede wszystkim Londynu) po stronie buntowników zdecydowało o ich sukcesie: król ugiął się i ogłosił w roku 1215 *Wielką Kartę Swobód* (*Magna Charta Libertatum*).

Dokument ten miał charakter umowy między królem a baronami. Zawarto w nim następujące zobowiązania monarchy:

- nie będą naruszane prawa Kościoła, król nie będzie wtrącał się do wyboru dostojników kościelnych, nie będzie także konfiskował ziemi należącej do Kościoła,
- podatki będą ściągane za zgodą Walnej Rady Królestwa, w skład której wchodzili wyżsi dostojnicy kościelni i wszyscy bezpośredni lennicy królewscy,
- baronowie będą skazywani przez równych sobie,
- rycerze i wolni chłopi nie będą obciążani nadmiernymi daninami,
- ludzie wolni nie mogą być uwięzieni, pozbawieni mienia i wyjęci spod prawa bez prawomocnego wy-

roku sądowego; przepis ten nie dotyczył ludności poddanej.

Nad przestrzeganiem powyższych postanowień miała czuwać komisja składająca się z 25 baronów. Komisja ta mogła wezwać ludność do buntu przeciw królowi łamiącemu zobowiązania. Wielka Karta Swobód, wprowadzając zasadę nietykalności osobistej i majątkowej, była bardzo ważnym elementem w dziejach kształtowania się państwa prawa.

Bunt baronów i prowizje oksfordzkie

Na lata panowania Henryka III (1216-1272) przypadają początki parlamentu angielskiego. Swoją polityką podatkową doprowadził on do wybuchu buntu baronów, który poparli rycerze i mieszczanie. Powołana przez króla pod presją baronów komisja opracowała postulaty reform, które Henryk III był zmuszony zaakceptować w 1258 r. Dokument, nazwany *Prowizjami oksfordzkimi*, przewidywał ustanowienie przy królu piętnastoosobowej stałej rady, bez której zgody król nie mógłby podejmować żadnych ważnych decyzji.

Prowizje westminsterskie

Tak wyraźny wzrost znaczenia baronów zaniepokoił rycerstwo i mieszczaństwo, które znalazło sojusznika w części baronów, kierowanych przez hrabiego Leicester, Szymona de Montforta. Pod naciskiem tego środowiska król wydał w r. 1259 *Prowizje westminsterskie*, broniące średnie i niższe warstwy przed samowolą baronów.

Bitwa pod Lewes

W r. 1263 wybuchła jednak wojna domowa między królem i jego zwolennikami a częścią baronów pod przywództwem Montforta. W maju 1264 r. w bitwie pod Lewes siły królewskie zostały rozbite przez hrabiego Montforta, dowodzącego 15-tysięcznym pospolitym ruszeniem. Henryk III dostał się do niewoli, a faktycznym panem Anglii został Szymon de Montfort.

Początki parlamentu angielskiego

W r. 1265 hrabia Montfort zwołał zgromadzenie, w skład którego weszli baronowie oraz po dwóch rycerzy z każdego hrabstwa i po dwóch mieszczan z dużych miast. Zgromadzenie to uważa się za początek istnienia parlamentu angielskiego. W połowie XIII wieku ustaliła się nazwa *parlament* na określenie poszerzonej Rady Królewskiej, w której posiedzeniach uczestniczyli także rycerze z poszczególnych hrabstw, jednak dopiero po raz pierwszy w roku 1265 w obradach wzięli udział mieszczanie.

Podział parlamentu angielskiego na dwie izby ukształtował się w II połowie XIV wieku – Izba Lordów stała się reprezentacją możnowładców, a Izba Gmin przedstawicielstwem rycerstwa i miast. Kompetencje parlamentu objęły kwestie podatkowe, ustawodawcze i sądowe. W roku 1297 król Edward I zobowiązał się do nienakładania podatków bez zgody parlamentu.

Francja

W XIII wieku Francja zyskała pozycję pierwszoplanowego mocarstwa europejskiego. Stało się tak dzięki osłabieniu prestiżu cesarstwa w wyniku długotrwałych walk w Italii oraz spadkowi znaczenia Anglii, co z kolei było skutkiem konfliktów władców angielskich z opozycją możnowładczą.

Andegawenowie na tronie neapolitańskim

Król Francji Ludwik IX (1226-1270) zgodził się, by jego brat Karol Andegaweński wziął w posiadanie Królestwo Sycylii po śmierci cesarza Fryderyka II, do którego ten obszar należał. Królestwo to obejmowało nie tylko Sycylię, ale również całą południową część Półwyspu Apenińskiego z Neapolem. Osadzenie Andegawenów na tronie neapolitańskim wzmocniło pozycję Francji w basenie Morza Śródziemnego.

Traktat z Corbeil

Ludwik IX uregulował stosunki Francji z hiszpańskim królestwem Aragonii. Na mocy traktatu z Corbeil, podpisanego w roku 1258, Jakub Aragoński zrzekł się pretensji do hrabstwa Tuluzy, a francuski władca zrezygnował z roszczeń do dawnej marchii barcelońskiej i hrabstwa Roussillon.

Traktat z królem Anglii Henrykiem III

W r. 1258 Ludwik IX zawarł traktat paryski z Anglią: zwrócił Henrykowi III kilka dawnych posiadłości Plantagenetów we Francji (Perigord, Limousin), a w zamian Henryk III złożył mu hołd lenny ze swych francuskich posiadłości, w tym z największej – księstwa Gujenny. W r. 1264 Ludwik IX wystąpił jako arbiter między Henrykiem III a angielskimi baronami – wyrokiem wydanym w Amiens potępił roszczenia baronów i ograniczanie władzy angielskiego monarchy, przyczyniając się do umocnienia pozycji Plantageneta, co z punktu widzenia dalekosiężnych interesów Francji należy uznać za błąd polityczny.

Przemiany gospodarcze w średniowiecznej Europie

Rozwój rolnictwa

W Europie na północ od Alp istniały znacznie lepsze warunki glebowe niż w rejonie śródziemnomorskim: ziemia miała wyższy poziom wilgotności, gleby były cięższe i zasobniejsze w składniki mineralne. Przesunięcie strefy upraw na ten obszar wpłynęło na wyraźne zwiększenie produktywności europejskiego rolnictwa. Okolicznością sprzyjającą jego rozwojowi było także ocieplenie klimatu, które rozpoczęło się około roku 700 i trwało do około 1300. Nie bez znaczenia był również fakt, iż Europę zachodnią przestały nawiedzać najazdy koczowników (ostatnimi byli Węgrzy pokonani przez Ottona I na Lechowym Polu w r. 955).

Między XI a XIII wiekiem upowszechniły się w rolnictwie europejskim nowe metody uprawy, znalazły zastosowanie nowe rozwiązania techniczne.

Trójpolówka

Metoda ta polegała na dzieleniu ziemi uprawnej na trzy części: na jednej wysiewano jesienią zboże ozime (pszenicę, żyto), na drugiej wysiewano wczesną wiosną zboże jare (owies, jęczmień) i rośliny strączkowe, a trzecia część odłogowała. W kolejnych latach metodą rotacyjną zmieniano charakter poszczególnych części. Dzięki trójpolówce zwiększyła się wydajność rolnictwa – w czasach starożytnych wykorzystywano tylko połowę ziemi uprawnej, Rzymianie ze względów klimatycznych (suche i gorące lata) nie uprawiali zbóż jarych. Dwukrotny w roku zbiór zboża powodował, że zmniejszyła się zależność od klęsk żywiołowych. Poprawiła się jakość diety, głównie dzięki zawierającym duże ilości białka roślinom strączkowym. Uprawa owsa umożliwiła szersze niż wcześniej zastosowanie koni w rolnictwie.

Udoskonalenia techniczne

Do powszechnego użytku wszedł ciężki pług, który głęboko przeorywał i wzruszał ziemię, powodując, że uzyskiwano wyższe plony, gdyż gleba wolniej jałowiała.

Młyny wodne i wiatrowe umożliwiły produkcję mąki, a także wytłaczanie oleju, warzenie piwa, a nawet produkcję papieru, z którym Europejczycy zapoznali się w epoce krucjat za pośrednictwem Arabów. Młyny stały się głównymi dostarczycielami energii dla celów gospodarczych. Pierwsze młyny wodne zaczęły powstawać w połowie XI wieku, a wiatrowe w II połowie XII wieku. Dzięki wynalezieniu chomąta i zastosowaniu podków konie mogły zastąpić woły w pracach polowych i gospodarstwie.

Wzrost wydajności rolnictwa spowodował pojawienie się nadwyżek żywności: w czasach Karolingów z jednego zasianego ziarna uzyskiwano dwa, a w XII wieku już cztery. W konsekwencji nastąpił najpierw rozwój wiejskiego rzemiosła, a potem szybki rozwój miast.

Handel

Przemiany w rolnictwie wpłynęły na rozwój handlu na coraz większe odległości. Oprócz handlu lokalnego zaczęła się rozwijać wymiana międzynarodowa, zarówno rzekami i morzem, jak i szlakami lądowymi. Te ostatnie wymagały budowy dróg i mostów.

Kierunek śródziemnomorski

Handel śródziemnomorski został zmonopolizowany w XII i XIII wieku przez trzy włoskie miasta: Genuę, Wenecję i Pizę. Z Orientu napływały towary luksusowe, takie jak przyprawy, biżuteria, perfumy, jedwab. Europejscy kupcy płacili za te towary produktami rolnymi.

Gospodarka towarowo-pieniężna

Ekspansja handlu spowodowała rozwój nowych metod płacenia. Przede wszystkim Europa powróciła do gospodarki towarowo-pieniężnej po czterech wiekach, w czasie których monety były bardzo rzadko stosowane jako środek wymiany. Tradycyjny majątek ziemski we wczesnym średniowieczu był prawie całkowicie samowystarczalny, zaś za nieliczne sprowadzane towary płacono metodą barterową (towar za towar). Jednak wraz z rozwojem rynku pieniądze stały się konieczne. Początkowo znajdowały się w obiegu tylko monety o niskich nominałach, lecz wzrost importu wyrobów luksusowych zmienił tę sytuację: w XIII wieku złote monety bito w mennicach Florencji i Wenecji.

Targi w Szampanii

Miejscami spotkań kupców z wielu krajów stały się targi międzynarodowe. Najsłynniejszymi w XIII wieku były targi w Szampanii, gdzie kupcy flamandzcy spotykali się z włoskimi – ci pierwsi sprzedawali sukno, ci drudzy wschodnie przyprawy.

Szlak przez Atlantyk

Około r. 1300 kupcy włoscy zastąpili szlak lądowy północ-południe prowadzący przez Alpy szlakiem morskim przez cieśninę gibraltarską i Atlantyk prosto do portów Europy Północnej. Wielcy kupcy już sami nie musieli podróżować, do użycia weszły techniki rachunkowości i kredytowania handlu.

Miasta

Rewolucja urbanizacyjna

Poczynając od XII wieku, rozpoczął się w Europie dynamiczny rozwój miast. Szybko rozrastały się miasta pochodzące jeszcze w czasów rzymskich, powstawały także nowe ośrodki miejskie. Na obszarze Niemiec powstały wtedy od podstaw takie miasta, jak Lubeka, Monachium, Berlin, Fryburg. Paryż, Londyn i Kolonia podwoiły liczbę mieszkańców w latach 1100-1200.

Jednak życie miejskie koncentrowało się przede wszystkim we Włoszech. Największymi ówczesnymi miastami były Wenecja, Genua, Mediolan, Bolonia, Palermo, Florencja i Neapol. W XIII wieku ludność trzech pierwszych wynosiła w każdym przypadku około 100 tys.

Przyczyną tej średniowiecznej rewolucji urbanizacyjnej był z jednej strony rozwój dalekiego handlu (tak się działo między innymi w przypadku największych miast włoskich), zaś z drugiej coraz większy dobrobyt wspólnot wiejskich, które w coraz większym stopniu stawały się konsumentami wyrobów rzemieślniczych. Można postawić tezę, że swój rozwój miasta zawdzięczały ogólnemu przyspieszeniu tempa wzrostu gospodarczego.

Specjalizacja miast

Miasta zaczęły się specjalizować w określonych rodzajach aktywności: Wenecja, Genua, Kolonia i Londyn stały się ośrodkami długodystansowego handlu, w Mediolanie i Brugii powstawały manufaktury produkujące sukno z wełny.

Korporacje zawodowe

Gildie

Kupcy średniowieczni zrzeszali się w gildiach – stowarzyszeniach zawodowych, których zadaniem była ochrona ich interesów. Gildie dbały o to, by jej członkowie mieli zapewniony monopol na lokalnym rynku, wprowadzając ścisłe ograniczenia na działalność kupców cudzoziemskich. Ustalały ceny na sprzedawane towary oraz gwarantowały zrzeszonym kupcom prawo udziału w wyprzedażach organizowanych przez innych kupców.

Cechy

Zrzeszenia rzemieślników nosiły nazwę cechów. Pełne prawo głosu mieli w nich mistrzowie – właściciele zakładów rzemieślniczych. Zatrudniali oni czeladników, którzy mieli już uprawnienia do wykonywania zawodu, ale jeszcze nie mieli własnego przedsiębiorstwa. Najniżej w hierarchii rzemieślniczej znajdowali się terminatorzy, czyli uczniowie zawodu. Cechy chroniły monopol członków zrzeszenia na określony typ produkcji, dążąc do wyeliminowania konkurencji. Ustalały jednolite ceny i płace, zabraniały pracy po godzinach, wydawały przepisy określające metody produkcji i parametry jakości używanych surowców.

Kultura i społeczeństwo pełnego średniowiecza

Rola łaciny a edukacja

Język łaciński był w okresie pełnego średniowiecza (XI-XIII wiek) językiem elity intelektualnej, zarówno duchownej, jak i świeckiej. Łacina decydowała o uniwersalizmie kultury średniowiecznej – była językiem urzędowym we wszystkich krajach zachodniego chrześcijaństwa, ale także językiem dzieł naukowych i literackich. Dzięki tej wspólnocie lingwistycznej ułatwiona była wymiana idei oraz kontakty warstwy ludzi wykształconych.

Szkoły katedralne i miejskie

Łacina była również językiem edukacji. Od XII wieku rozpoczął się bardzo dynamiczny rozwój szkolnictwa, wyrażający się w szybkim wzroście liczby szkół katedralnych (które zaczęły powstawać w okresie renesansu karolińskiego) oraz w powstawaniu nowego rodzaju szkół – szkół miejskich, przeznaczonych dla kandydatów na kupców i przedsiębiorców, oraz parafialnych. Jednocześnie szkoły klasztorne zamknęły się przed osobami spoza zakonów, kształcąc od tej pory tylko mnichów. W r. 1179 papież Aleksander III wydał dekret mówiący, iż każda katedra powinna wygospodarować środki na utrzymanie nauczyciela, który mógłby kształcić wszystkich chętnych, niezależnie od ich pochodzenia.

Liczba szkół miejskich zaczęła szybko rosnąć od początku XIII wieku. Były one w większym stopniu nastawione na przekazywanie wiedzy praktycznej, przydatnej w operacjach handlowych i administracji. Szkoły te były całkowicie niezależne od kontroli kościelnej. Jako pierwsze zaczęły one wprowadzać nauczanie w językach narodowych.

Studiowanie dzieł klasycznych

W szkołach utrzymano program nauczania trivium i quadrivium, lecz większy niż poprzednio nacisk położono na studiowanie klasycznych dzieł łacińskich, przede wszystkim Cycerona i Wirgiliusza. Wprowadzono także elementy wiedzy prawniczej.

Alfabetyzacja

Rozwój szkolnictwa prowadził do postępów alfabetyzacji: w połowie XIV wieku już około 40% dorosłych mieszkańców Florencji potrafiło pisać i czytać (w połowie XI wieku współczynnik ten w odniesieniu do całej Europy zachodniej wynosił mniej niż 1%).

Uniwersytety

Program studiów

Kolejnym etapem postępu edukacji było powstawanie uniwersytetów jako szkół o najwyższym poziomie kształcenia. W programie studiów uniwersyteckich znajdowały się zarówno tak zwane sztuki wyzwolone, czyli siedem przedmiotów trivium i quadrivium nauczanych w zaawansowanym zakresie, jak i prawo, teologia oraz medycyna.

Pierwsze uniwersytety

Najstarszym uniwersytetem był uniwersytet w Bolonii, powstały w roku 1088, który stał się wybitnym ośrodkiem studiów prawniczych. Na północ od Alp najstarszy był uniwersytet paryski, założony w r. 1150 i słynący ze studiów teologicznych. Papież Innocenty III, który był absolwentem paryskiej uczelni, mówił o niej jako o *piecu, który wypieka chleb dla całego świata.* W dalszej kolejności powstały uniwersytety w Oxfordzie (1167), Cambridge (1209), Montpellier, Salamance i Neapolu. W Europie Środkowej jako pierwszy został założony uniwersytet w Pradze (1348), następnie w Krakowie (1364) i Heidelbergu (1385).

Model boloński i paryski

Średniowieczne uniwersytety były wspólnotami zrzeszającymi studentów lub profesorów. W Italii, Hiszpanii i południowej Francji powielany był model boloński, w którym to sami studenci tworzyli wspólnotę i zatrudniali wykładowców, wypłacając im wynagrodzenie. Z kolei w Europie Północnej dominował model paryski, według którego uniwersytet był zrzeszeniem profesorów. Na czele każdego z fakultetów – sztuk wyzwolonych, prawa, teologii i medycyny – stał dziekan. Niekiedy w ramach jednego fakultetu tworzono dwie bądź więcej katedr.

Szczeble kariery uniwersyteckiej

Studiować mogli tylko mężczyźni. Po przyjęciu na uniwersytet student najpierw przez cztery lata kształcił się w dziedzinie sztuk wyzwolonych, po czym – po zdaniu egzaminów – otrzymywał tytuł bakałarza. Po kolejnych latach studiów na zaawansowanym poziomie uzyskiwał tytuł magistra sztuk (trzy lub cztery lata studiowania matematyki, nauk przyrodniczych i filozofii) bądź doktora prawa, teologii lub medycyny (z reguły doktorat można było uzyskać po kilkunastu latach studiów).

Młodzi ludzie rozpoczynali studia uniwersyteckie w wieku 12-15 lat. Książki, ręcznie przepisywane, były bardzo drogie, dlatego uczono się głównie z notatek robionych podczas wykładów. Szeroko stosowana była w procesie nauczania metoda debat, podczas których studenci ćwiczyli umiejętność jasnego formułowania myśli, argumentowania i analizowania.

W połowie XIII wieku w Paryżu było około 7 tys. studentów, w Oxfordzie około 2 tys.

Nauka średniowieczna

W XI wieku znajomość dzieł starożytnych była w chrześcijańskiej Europie bardzo ograniczona – na przykład z wielkiego dorobku Arystotelesa znano tylko kilka jego traktatów z logiki w łacińskim tłumaczeniu. Sytuacja zmieniła się w połowie XII wieku, kiedy pojawiły się łacińskie tłumaczenia wielu dzieł uczonych starożytnej Grecji – Arystotelesa, Euklidesa, Galena, Ptolemeusza. Tłumaczono je z reguły nie bezpośrednio z greki, lecz z arabskiego. Dokonywali tego chrześcijańscy mieszkańcy Hiszpanii i Sycylii, mający bliski kontakt ze światem arabskim, lub hiszpańscy Żydzi, znający często zarówno arabski, jak i łacinę.

Scholastyka

Zaczęła się rozwijać scholastyka. Termin ten określa po pierwsze średniowieczną metodę nauczania, charakteryzującą się wielką systematycznością i poszanowaniem uznanych autorytetów. Po drugie, scholastyka była także sposobem patrzenia na świat: uczyła, że istnieje zasadnicza zgodność między ludzką wiedzą pochodzącą z doświadczenia i rozumowania a wiedzą wynikającą z boskiego objawienia. Uczeni posługujący się metodą scholastyczną starali się godzić klasyczną filozofię z wiarą chrześcijańską.

Piotr Abelard (ok. 1079-1142)

Był on wykładowcą teologii na uniwersytecie paryskim. Uważał, że teologię należy traktować jako naukę, w której znajdują zastosowanie narzędzia logiki. Próbował logicznie udowodnić tajemnicę Trójcy świętej (szukał w Trójcy trzech przymiotów Boga – mocy, mądrości i dobroci), za co został oskarżony przez św. Bernarda o herezję i potępiony przez Kościół w r. 1141. Starał się stosować empiryczną metodę Arystotelesa w przeprowadzaniu dowodów. Uważał, że w kwestiach wątpliwych, gdy istnieje sprzeczność między rozumem a wiarą, należy dawać pierwszeństwo rozumowi.

Tomasz z Akwinu (ok. 1225-1274)

Był zakonnikiem dominikańskim, profesorem teologii w Paryżu, działającym także w Niemczech i Włoszech. Jego zasługą było włączenie myśli Arystotelesa do filozofii chrześcijańskiej. Odrzucił tezę św. Augustyna, iż człowiek jest z natury zły i że w związku z tym rolą władcy jest represjonowanie poddanych. W zamian twierdził, że istnienie państwa wynika ze społecznej natury człowieka, a o wyższości władzy kościelnej nad świecką decyduje hierarchia celów. Uznawał prawo ludzi do buntu przeciwko tyranii, czyli przeciwko władcy łamiącemu prawo boskie. Nauczał, iż świat jest zbudowany hierarchicznie – poszczególne stworzenia mają określony stopień doskonałości.

Herezje pełnego średniowiecza

Szerszy w okresie krucjat niż przedtem kontakt Europy ze światem zaowocował pojawieniem się nowych nurtów religijnych, uznanych przez Kościół katolicki za herezje. Widać w nich było wpływy wschodniego manicheizmu, opartego na bardzo ostrym dualizmie dobra i zła.

Katarzy

W XII wieku dużą popularność, szczególnie na południu Europy, zyskali katarzy (od greckiego *katharoi* – czyści), zwani także albigensami od miasta Albi w południowej Francji, które było ich głównym ośrodkiem. Odrzucali oni hierarchię kościelną i sakramenty – uznawali jedynie sakrament pocieszenia (*consolamentum*) w obliczu śmierci. Żyli w ubóstwie, uważali, że świat materialny został stworzony przez boga-szatana, prowadzącego walkę z bogiem dobra. Propagowali wstrzemięźliwość seksualną, twierdząc, że ciało ludzkie wraz z jego seksualnością zostało stworzone przez boga-szatana. W tym kontekście odrzucali małżeństwo jako instytucję tworzącą nowych niewolników świata materialnego.

Wspólnota katarska składała się z tak zwanych doskonałych, żyjących w ascezie, czystości i prowadzących działalność misyjną, oraz wyznawców, których nie obowiązywały aż tak rygorystyczne zasady. Doskonałymi mogli być zarówno mężczyźni, jak i kobiety. Katarzy byli pacyfistami i wegetarianami, stosowali surowe posty. Zakaz spożywania mięsa wynikał z ich wiary w wędrówkę dusz.

Krucjata przeciwko katarom

W roku 1209 papież Innocenty III zorganizował krucjatę przeciwko katarom, której dowódcą został mianowany hrabia Tuluzy Rajmund. Uczestnicy wyprawy zdobyli wówczas miasto Beziers, zamieszkane w części przez katarów, i zabili kilkanaście tysięcy mieszkańców (w tym katolików, w myśl stwierdzenia legata papieskiego Arnolda z Citeaux, że *Bóg rozpozna swoich*). Walki z albigensami trwały do roku 1229. Doprowadziły one nie tylko do wytępienia herezji, ale również do spustoszenia całego południa Francji i zniszczenia rozwijającej się tam kultury prowansalskiej. Dla władców Francji z dynastii Kapetyngów oznaczało to możliwość przyspieszenia unifikacji całego państwa.

Waldensi

Innym ugrupowaniem uznanym za heretyckie byli waldensi, których nazwa wywodzi się od nazwiska bogatego kupca z Lyonu Piotra Waldo, który około roku 1170 sprzedał swój majątek, a uzyskane w ten sposób pieniądze rozdał ubogim. Głosząc ideę dobrowolnego ubóstwa, zgromadził wokół siebie wielu zwolenników. Z jego inicjatywy Pismo Święte zostało przetłumaczone na język prowansalski.

Waldensi krytykowali styl życia duchowieństwa, co doprowadziło do ich konfliktu z biskupem Lyonu, który zakazał im jako ludziom świeckim prowadzenia działalności kaznodziejskiej. Piotr Waldo udał się w roku 1179 do Rzymu, by zaprotestować przeciwko tym ograniczeniom, jednak papież Aleksander III podtrzymał decyzję biskupa. Ponieważ waldensi nie chcieli się podporządkować tym ustaleniom, kolejny papież – Lucjusz III – obłożył ich w roku 1184 klątwą.

Nowe zakony

Nowe zakony, które powstały w XI i XIII wieku, były reakcją na postępujące zeświecczenie duchowieństwa i jego przywiązanie do dóbr doczesnych. Miały na celu zarówno podniesienie poziomu moralnego kleru, jak i oddziaływanie etyczne na ogół społeczeństwa. Były także odpowiedzią Kościoła na szerzące się herezje, kwestionujące dogmaty religijne i rolę hierarchii kościelnej.

Cystersi

Zakon cystersów został założony przez trzech mnichów benedyktyńskich: Roberta z Molesme, Stephena Hardinga i Bernarda z Clairvaux. Pierwszy klasztor powstał w Citeaux (łacińska nazwa: Cistertium) w Burgundii w r. 1098. Poprzez stosowanie surowej ascezy i życie w ubóstwie cystersi starali się powrócić do modelu życia klasztorów benedyktyńskich z wczesnego średniowiecza. Ich reguła zakonna nawiązywała do oryginalnej reguły benedyktyńskiej: wiele czasu poświęcali modlitwie, kontemplacji i pracy fizycznej. Chcieli żyć w samotności i ciszy, dlatego klasztory stawiano na pustkowiach, z dala od ludzkich siedzib. Pod koniec XII wieku istniało w Europie ok. 530 opactw cysterskich.

Franciszkanie

Zakon franciszkanów założył w roku 1209 św. Franciszek z Asyżu. Był to zakon żebrzący, głoszący potrzebę nawrócenia i pokuty. Franciszkanie nie odsuwali się od społeczeństwa, lecz prowadzili pracę duszpasterską wśród świeckich, starając się naśladować życie Chrystusa i apostołów. Wędrowali od miasta do miasta, głosząc Ewangelię i oferując pociechę duchową.

Dominikanie

Zakon dominikanów, założony w r. 1216 przez Hiszpana św. Dominika Guzmana, oficjalnie nazwany zakonem kaznodziejów (*ordo praedicatorum*), postawił sobie za zadanie walkę z herezją albigensów oraz nawracanie wyznawców judaizmu i muzułmanów. Podobnie jak franciszkanie był zakonem żebrzącym. Wielu przedstawicieli tego zakonu wykładało na uniwersytetach teologię i filozofię. Najwybitniejszy filozof chrześcijański średniowiecza, św. Tomasz z Akwinu, był dominikaninem.

Architektura gotycka

Za ojczyznę gotyku uważana jest północna Francja. Dla budowli gotyckich, które zaczęły się pojawiać od połowy XII wieku, charakterystyczne były sklepienia krzyżowożebrowe i zastosowanie łuku ostrego. Kościoły gotyckie miały strzelistą formę, wysokie sklepienia, wielkie okna pokryte witrażami. Do najwybitniejszych przykładów architektury gotyckiej należą we Francji katedra Notre Dame w Paryżu, katedry w Amiens, Reims i Strasburgu, w Anglii katedry w Canterbury i Salisbury, w Niemczech kościół Panny Marii w Trewirze, w Hiszpanii katedry w Burgos, Leon i Toledo.

Polska w pełnym średniowieczu

Umacnianie pozycji Polski przez Bolesława Śmiałego

Stosunki z Niemcami

Słaba pozycja króla Niemiec Henryka IV

Lata panowania Bolesława Śmiałego przypadły na czas osłabienia władzy centralnej w Niemczech. Po śmierci cesarza Henryka III w roku 1056 formalnie tron objął jego syn, sześcioletni wówczas Henryk IV. W jego imieniu władzę sprawowali jednak zmieniający się regenci (najpierw jego matka, cesarzowa Agnieszka, później arcybiskup Bremy Adalbert, następnie rada książąt niemieckich). Nawet gdy w r. 1069, mając dziewiętnaście lat, Henryk IV rozpoczął samodzielne rządy, jego pozycja była słaba.

Zrzucenie zwierzchnictwa niemieckiego

Sytuację tę postanowił wykorzystać Bolesław Śmiały, stopniowo ograniczając zależność Polski od Niemiec. Wyrażało się to we wspieraniu ugrupowań antyniemieckich w Czechach i na Węgrzech, a także w odrzuceniu zwierzchnictwa niemieckiego nad Polską, które istniało przez cały okres panowania jego ojca, Kazimierza Odnowiciela. Formalnie Bolesław zrzucił tę zależność dopiero w r. 1072, chociaż od początku swych rządów demonstrował samodzielność w polityce zagranicznej.

Polityka wobec Węgier

Aktywną politykę wobec Węgier rozpoczął Bolesław Śmiały w r. 1060, interweniując w wojnie domowej pomiędzy królem Andrzejem a jego młodszym bratem Belą. Gdy król

Andrzej wezwał na pomoc posiłki niemieckie, polski władca wsparł oddziały Beli. Uderzył także na Czechy, by uniemożliwić im wystąpienie po stronie króla Andrzeja. W efekcie Andrzej zginął na polu walki, jego wojska zostały rozbite, a tron objął Bela.

Trzy lata później węgierska wojna domowa rozgorzała ponownie. Zmarł wtedy król Bela, a władzę na Węgrzech przechwycił syn Andrzeja, Salomon, którego wsparły oddziały niemieckie. Synowie Beli – Gejza i Władysław – schronili się w Krakowie. W roku 1064 Bolesław próbował wywalczyć dla Gejzy tron, ale zdołał tylko zdobyć dla niego księstwo dzielnicowe. Dziesięć lat później, już bez pomocy Śmiałego, Gejza obalił Salomona i koronował się. Po śmierci Gejzy w r. 1077 Bolesław pomógł jego bratu Władysławowi uzyskać tron, wspierając go zbrojnie przeciw próbującemu przejąć ponownie władzę Salomonowi.

Polityka wobec Czech

Bolesław Śmiały tylko przez pierwsze dwa lata swojego panowania płacił Czechom trybut z tytułu posiadania Śląska. Jako pretekst do zerwania zobowiązań lennych posłużyło mu wsparcie przez Czechów stronnictwa proniemieckiego na Węgrzech.

W r. 1070 wybuchły regularne walki polsko-czeskie. Jako mediator próbował interweniować w tym konflikcie król niemiecki, wzywając Bolesława oraz księcia czeskiego Wratysława przed swoje oblicze. Spotkanie odbyło się w Miśni, obie strony konfliktu zadeklarowały gotowość do przestrzegania pokoju. Jednak już w roku 1072 Bolesław zerwał pokój i zaatakował Czechy, łupiąc wiele miejscowości. Stosunki z Czechami były wrogie do końca panowania Śmiałego.

Interwencje na Rusi w interesie Izjasława

Stosunki Polski z Rusią były przyjazne od czasu sojuszu Kazimierza Odnowiciela z Jarosławem Mądrym. Po śmierci Jarosława w r. 1054 władzę w Kijowie objął jego syn Izjasław, ożeniony z ciotką Bolesława Śmiałego Gertrudą. Lecz w r. 1068 Izjasław został obalony przez księcia połockiego Wsiesława i schronił się w Polsce. Bolesław postanowił interweniować na Rusi w interesie swojego wuja. Wyprawa, zorganizowana w r. 1069, zakończyła się sukcesem: Izjasław odzyskał tron w Kijowie, a Wsiesław zbiegł do Połocka.

Jednak już w r. 1074 Izjasław stracił tron na rzecz swojego brata Światosława. I tym razem zbiegł do Polski, ale Bolesław nie udzielił mu wsparcia, a nawet nawiązał przyjazne stosunki z następcą Izjasława. Dopiero gdy w r. 1076 Światosław zmarł, Bolesław po raz drugi osadził na tronie kijowskim Izjasława (1077). W drodze powrotnej przyłączył do Polski Grody Czerwieńskie, zajęte przez Jarosława Mądrego w r. 1031.

W r. 1078 Izjasław zginął w bitwie stoczonej ze swoimi braćmi pod Czenihowem, a władzę w Kijowie zdobył jeden z nich, Wsiewołod, wrogo nastawiony wobec Polski.

Stosunki z papiestwem

Na lata panowania Bolesława Śmiałego przypadł na arenie europejskiej konflikt między papieżem Grzegorzem VII a władcą Niemiec Henrykiem IV, dotyczący prawa do mianowania biskupów, a także szerzej kwestii prymatu władzy papieskiej nad cesarską. W tym ostrym sporze Bolesław poparł papieża, co było zgodne z ogólnym charakterem polityki polskiego władcy wobec Niemiec.

W obozie propapieskim znalazły się także Węgry oraz Anglia i państwa skandynawskie. Bolesław uzyskał od papieża zgodę na koronację, która odbyła się w roku 1076. Polska po ponad czterdziestu latach odzyskała status królestwa.

Działalność na rzecz Kościoła

Bolesław kontynuował odbudowę polskiej struktury kościelnej, zapoczątkowaną przez swojego ojca – w r. 1075 doprowadził do wznowienia działalności metropolii gnieźnieńskiej, założył także biskupstwo w Płocku na Mazowszu.

Władca ten ufundował kolejne klasztory benedyktyńskie: w Lubiniu w Wielkopolsce oraz w Łęczycy. Rozpowszechniło się nadawanie dóbr ziemskich Kościołowi – Bolesław przekazał biskupom pierwsze grody.

Konflikt króla z biskupem Stanisławem

W r. 1079 doszło do ostrego konfliktu między królem a biskupem krakowskim Stanisławem, zakończonym śmiercią dostojnika kościelnego. Według jednej z hipotez biskup krakowski stał na czele spisku dążącego do usunięcia Bolesława z tronu i zastąpienia go młodszym bratem, Władysławem Hermanem. Król dowiedział się o tych planach i postawił biskupa przed sądem, który skazał go na śmierć. Inna hipoteza mówi, że biskup Stanisław uważał, iż władza świecka powinna być mu podporządkowana, analogicznie do podporządkowania władzy cesarskiej papieżowi. Na tym tle doszło do sporu i porywczy monarcha pozbawił biskupa Stanisława życia. Legenda przekazała, że Bolesław osobiście zabił biskupa Stanisława, gdy odprawiał on mszę w krakowskim kościele.

Przyczyny upadku Bolesława Śmiałego

Bunt możnych

Po zabójstwie biskupa Stanisława wybuchł w Polsce bunt możnowładców, wspierany przez księcia czeskiego Wratysława. W wyniku tego buntu Bolesław musiał opuścić Polskę, znajdując schronienie na Węgrzech. Zmarł tam w roku 1081 lub 1082, prawdopodobnie w wyniku otrucia.

Obciążenia ekonomiczne społeczeństwa

Śmierć biskupa krakowskiego była pretekstem do buntu, którego przyczyny tkwiły jednak głębiej w polityce Bolesława. Przede wszystkim w okresie jego panowania gwałtownie zwiększyły się obciążenia ekonomiczne społeczeństwa, co było skutkiem licznych wojen i interwencji. Wielu możnowładców obawiało się, iż takie postępowanie władcy może doprowadzić do powstania ludowego, a tego – po doświadczeniach z czasów reakcji pogańskiej – za wszelką cenę chcieli uniknąć.

Panowanie Władysława Hermana

Pogorszenie międzynarodowej pozycji Polski

Zjazd w Moguncji – Wratysław królem Polski

Bunt możnych, który doprowadził do obalenia Bolesława Śmiałego, był z zewnątrz wspierany przez władcę Czech Wratysława. Pod jego panowaniem Czechy stały się potęgą w Europie Środkowowschodniej, o czym świadczyło koronowanie go na króla Czech i Polski przez cesarza Henryka IV w r. 1085 na zjeździe w Moguncji. W ten sposób Henryk IV nawiązał do wizji Europy nakreślonej przez Ottona III w r. 1000, tyle tylko, że miejsce władcy Polski, który miał być królem całej zachodniej Słowiańszczyzny, zajął władca czeski.

Trybut ze Śląska

Władysław Herman musiał się ze wzrostem siły południowego sąsiada liczyć, dlatego ponownie zaczął Czechom płacić trybut za Śląsk (zaprzestał dopiero po śmierci Wratysława w r. 1092). Ożenił się z Judytą, siostrą Wratysława, a z kolei władca czeski wstąpił w związek małżeński ze Świętosławą, siostrą Władysława Hermana. Te małżeństwa stały się podstawą sojuszu polsko-czeskiego, o nierównoprawnym jednak charakterze.

Zależność od Niemiec

Władysław pogodził się z zależnością państwa polskiego od Niemiec. Porzucił ambicję koronowania się na króla, uznał zwierzchnictwo cesarza. Po śmierci Judyty czeskiej ożenił się około r. 1088 z Judytą Marią, siostrą cesarza Henryka IV. Cesarstwo znajdowało się wówczas u szczytu potęgi – Henrykowi udało się rozstrzygnąć na swoją korzyść konflikt z papieżem Grzegorzem VII, zmuszając go do ustąpienia z urzędu w roku 1085.

Nieudana ekspansja na Pomorze

Brat Władysława, Bolesław Śmiały, angażując się w sprawy Węgier i Rusi, zaniedbał kierunek północny, w wyniku czego od Polski oderwało się Pomorze. Władysław próbował odzyskać tę prowincję, wyprawiał się tam kilkakrotnie, w r. 1090 zajął Pomorze Wschodnie, jednak już rok później Pomorzanie wyzwolili się spod polskich rządów.

Siedzibą Władysława Hermana był Płock, w którym rezydował już podczas panowania Bolesława Śmiałego. Zrezygnowanie z Krakowa jako stolicy pogłębiało wrażenie degradacji władzy państwowej w Polsce.

Konflikt wewnętrzny

Śmierć Mieszka, syna Bolesława Śmiałego

Gdy Władysław Herman obejmował władzę po Bolesławie Śmiałym, nie cieszył się autorytetem, a zwolennicy wygnanego króla nadal byli silni. Licząc się z nimi, książę zezwolił na powrót z wygnania w r. 1086 syna Bolesława Śmiałego, Mieszka. Trzy lata później Mieszko zmarł w niejasnych okolicznościach. Być może odpowiedzialnym za tę śmierć był Władysław, który chciał w ten sposób wyeliminować kandydata do tronu niebędącego jego synem.

Wojewoda Sieciech i spisek możnych

W okresie panowania Władysława Hermana wyjątkowo silną pozycję w państwie zdobył wojewoda Sieciech – nie tylko dowodził wojskiem i zarządzał dworem, ale faktycznie wyręczał księcia w podejmowaniu decyzji państwowych. Gall Anonim przekazał w swojej *Kronice* obraz Władysława jako króla gnuśnego, zdominowanego przez chytrego i bezwzględnego Sieciecha.

Przeciwko wszechwładzy wojewody zawiązał się spisek możnych, do którego zostali wciągnięci synowie władcy – Zbigniew i Bolesław. Starszy, Zbigniew, był prawdopodob-

nie synem nieślubnym, dlatego ojciec postanowił pozbawić
go prawa do sukcesji i umieścił go w klasztorze w Saksonii.
Wysłannicy spiskowców pojechali po niego do Niemiec
w roku 1093 i postawili go na czele sprzysiężenia. Faktycznie 23-letni Zbigniew był jednak podporządkowany możnym, a tym bardziej jego brat Bolesław, który miał wówczas siedem lat. Rzeczywistym przywódcą spisku był namiestnik prowincji śląskiej Magnus.

Wojna domowa

Rozgorzała wojna domowa – głównym żądaniem spiskowców było odsunięcie od władzy Sieciecha. Domagali się oni
także uznania praw Zbigniewa do dziedziczenia oraz przy-
znania dzielnic obu braciom. Ten ostatni postulat wskazy-
wał na silne wśród możnowładztwa tendencje separaty-
styczne.

Do pierwszego starcia doszło na Śląsku – zakończyło się
ono rozgromieniem wojsk książęcych dowodzonych przez
Sieciecha. Spiskowcy chcieli wówczas pojmać wojewodę,
ale udało mu się zbiec do Wielkopolski. Gdy książę Władysław wraz z Sieciechem ponownie ruszył na Wrocław, tym
razem z większymi siłami, Zbigniew obawiając się przegranej zbiegł na Kujawy i schronił się w Kruszwicy. W pobliżu
tego grodu, nad jeziorem Gopło, doszło do bitwy, w której
oddziały wierne Zbigniewowi zostały rozbite, a sam Zbigniew został uwięziony. Wyszedł na wolność w r. 1097
z okazji poświęcenia odbudowanej katedry gnieźnieńskiej.

Podział Polski

W tym samym roku bunt wybuchł ponownie – obaj bracia
wyruszyli na wyprawę przeciwko Pomorzanom, lecz za-
wrócili z niej, by zaatakować siły wierne księciu Władysławowi i jego wojewodzie. Tym razem książę uległ i zgodził
się na przyznanie braciom dzielnic: Zbigniew otrzymał
Wielkopolskę, a Bolesław Śląsk. Władysław Herman pozo-

stawił w swoich rękach Mazowsze, Małopolskę oraz główne grody w dzielnicach należących do jego synów.

Kolejny etap wojny domowej miał miejsce w r. 1099 – wtedy wojewoda Sieciech został ostatecznie pokonany i wygnany z Polski. Dokonał się także dalszy podział państwa: Bolesław, zwany Krzywoustym, zajął Małopolskę. Władysław Herman posiadał więc w ostatnich latach swego życia (zmarł w r. 1102) Mazowsze i nominalną władzę zwierzchnią nad całym państwem, Zbigniew Wielkopolskę, a Bolesław Krzywousty Małopolskę i Śląsk. Był to pierwszy podział państwa polskiego na dzielnice dokonany wewnątrz rodu książęcego i zaakceptowany przez wszystkich pretendentów do władzy.

Bolesław III Krzywousty i jego testament

Konflikt Bolesława ze Zbigniewem

Koncepcje polityczne obu braci

Przez cztery lata (1102-1106) Polska miała dwóch władców: Bolesław Krzywousty panował w południowej części kraju (Małopolska i Śląsk), zaś Zbigniew w północnej (Wielkopolska i Mazowsze). Wprawdzie Zbigniew był starszy, ale Bolesław posiadał silniejszą legitymację swej władzy – był synem z prawego łoża. Od początku widać było różnice w koncepcjach politycznych między braćmi. Zbigniew był zwolennikiem podległości cesarstwu i sojuszu z książętami pomorskimi, natomiast Bolesław chciał uzależnienia Polski od cesarstwa i planował ekspansję na Pomorze, jednak na drodze tej ekspansji leżała domena Zbigniewa.

Wojna domowa i zwycięstwo Bolesława

W tej sytuacji Bolesław zaczął dążyć do zagarnięcia władzy w całym państwie, co się stało przyczyną wybuchu wojny domowej między braćmi w r. 1106. Z kilkumiesięcznego starcia zwycięsko wyszedł Bolesław – Zbigniew zdołał zachować Mazowsze, lecz musiał uznać zwierzchnictwo młodszego brata. W r. 1107, nie mogąc pogodzić się z upokorzeniem, a być może obawiając się także o swoje życie, Zbigniew schronił się na dworze cesarskim Henryka V.

Wyprawa Henryka V na Polskę

W r. 1109 Henryk V namówiony przez Zbigniewa wyprawił się na Polskę, wojska niemieckie nie były jednak w stanie sforsować Odry i wtargnąć w głąb Polski. Oblężenie Głogowa nie przyniosło efektów i ekspedycja niemiecka wycofała się ze Śląska.

Śmierć Zbigniewa

Zbigniew powrócił do Polski w r. 1112 za namową Bolesława, który obiecał mu nietykalność i zwrot Mazowsza. Bolesław nakazał jednak oślepić swego brata – Zbigniew w wyniku infekcji zmarł. Obawiając się powszechnego potępienia Bolesław udał się z pielgrzymką pokutną do grobu św. Idziego na Węgrzech.

Podbój Pomorza i stosunki z Czechami

Sojusz z czeskim księciem Władysławem

Na początku r. 1115 Bolesław wysłał poselstwo do Pragi. W wyniku przeprowadzonych rozmów Czechy zrzekły się trybutu ze Śląska. Bolesław zawarł sojusz polityczny z czeskim księciem Władysławem i ożenił się (po śmierci swojej pierwszej żony, Rusinki Zbysławy) z Salomeą, córką hrabiego Bergu, która była siostrą Rychezy, żony władcy czeskiego. Uregulowane stosunki na południowej granicy umożliwiły władcy Polski podjęcie ekspansji w kierunku północnym – na Pomorze, które uniezależniło się w okresie panowania Bolesława Śmiałego.

Podbój Pomorza Wschodniego

Bolesław podbił Pomorze Wschodnie w latach 1115-1119. Na przyłączonym obszarze wprowadził polską administrację, duchowni z Polski rozpoczęli tam chrystianizację miejscowej ludności.

Układ z księciem zachodniopomorskim Warcisławem

Kolejnym celem stało się Pomorze Zachodnie – walki z księciem Warcisławem toczyły się w latach 1121-1122. Do decydującej bitwy doszło pod Nakłem, po której wojska Krzywoustego wkroczyły do Szczecina. Następnie walki przeniosły się na zachodni brzeg Odry, gdzie Polacy doszli do rzeki Piany i wyspy Rugii. Zawarty w roku 1122 układ z księciem Warcisławem ustanawiał lenną zależność Pomorza Zachodniego od Polski. Władca zachodniopomorski był zobowiązany do płacenia corocznego trybutu w wysokości 300 grzywien srebra.

Nowe biskupstwa

W r. 1124 utworzone zostały trzy nowe biskupstwa: w Kruszwicy i Włocławku miały się zajmować akcją chrystianizacyjną na Pomorzu Wschodnim, a w Lubuszu chrystianizacją terenów w rejonie dolnej Odry. Akcją chrystianizacyjną na Pomorzu Zachodnim kierował biskup Bambergu Otto.

Osłabienie państwa pod koniec rządów Krzywoustego

Nieudana interwencja na Węgrzech

W r. 1131 Bolesław Krzywousty wyprawił się na Węgry w celu wsparcia księcia Borysa, który walczył o tron ze swym kuzynem, księciem Belą II Ślepym. Decydując się na tę interwencję, Bolesław liczył na zawiązanie sojuszu z Węgrami, a także z książętami ruskimi, z którymi książę Borys był spokrewniony po matce. Wojska polskie poniosły jednak klęskę w starciu z wojskami Beli II, wspieranymi przez księcia czeskiego Sobiesława oraz rycerzy niemieckich. Sobiesław w latach 1132-1134 kilkakrotnie najechał Śląsk, doprowadzając do wielkich zniszczeń.

Nieudana interwencja na Węgrzech spowodowała polityczną izolację Bolesława – miał teraz przeciwko sobie nie tylko władców Węgier i Czech, lecz również cesarza Lotara III.

Zjazd w Merseburgu

Bela II i Sobiesław zwrócili się do cesarza z prośbą o rozstrzygnięcie ich sporu z Bolesławem. Na zjeździe w Merseburgu w roku 1134 Bolesław musiał uznać władzę Beli II na Węgrzech, złożył także Lotarowi III hołd lenny oraz zobowiązał się płacić trybut z Pomorza Zachodniego i Rugii, regulując zaległości za ostatnie dwanaście lat.

Wejście Polski do obozu cesarskiego umożliwiło unormowanie stosunków z Czechami, co nastąpiło w r. 1137 podczas zjazdu książąt w Kłodzku.

Testament Bolesława Krzywoustego – 1138

Bunt palatyna Skarbimira

Nie jest znana data ogłoszenia przez Bolesława Krzywoustego ustawy sukcesyjnej, zwanej także jego testamentem. Być może została ona ogłoszona bezpośrednio przed buntem palatyna Skarbimira w r. 1118. Możnowładca ten był przeciwny prawnej regulacji następstwa tronu, uważając, że decyzja w tej kwestii powinna być podjęta przez przedstawicieli możnowładców. Krzywousty kazał Skarbimira oślepić. Po tym wydarzeniu możni złożyli przysięgę na wierność ustawie sukcesyjnej, podobnie postąpili także przedstawiciele episkopatu.

Zasady pryncypatu i senioratu

Ustawa sukcesyjna miała zapobiec walkom między synami Bolesława Krzywoustego o podział państwa po jego śmierci. Ustalała dwie zasady: że w państwie istnieje władza zwierzchnia, która rozciąga się na wszystkich książąt i reprezentuje państwo polskie na zewnątrz (zasada pryncypatu) oraz że władzę tę sprawuje każdorazowo najstarszy książę w rodzie, któremu obok dzielnicy dziedzicznej przysługuje dzielnica senioralna (zasada senioratu). Książę zwierzchni (princeps) miał otrzymać dzielnicę senioralną, obejmującą Małopolskę z Krakowem jako jego stałą siedzibą. Reszta państwa została podzielona na dzielnice dziedziczne, które otrzymali poszczególni synowie Krzywoustego.

Podział państwa między synów Krzywoustego

Najstarszy syn Władysław otrzymał Śląsk i ziemię lubuską, Bolesław Kędzierzawy – Mazowsze i część Kujaw, Mieszko III – Wielkopolskę z Poznaniem, Henryk – ziemię sandomierską.

Wyposażono także wdowę po Krzywoustym, Salomeę, która weszła w posiadanie grodów na ziemi łęczyckiej. Najmłodszy syn, Kazimierz, nie otrzymał dzielnicy – prawdopodobnie urodził się już po śmierci Krzywoustego bądź był przeznaczony do stanu duchownego.

Rozbicie dzielnicowe Polski

Władysław II Wygnaniec (1138-1146)

Po śmierci Bolesława Krzywoustego jego najstarszy syn Władysław II objął władzę w dzielnicy senioralnej oraz w swojej dzielnicy dziedzicznej – na Śląsku. Na Mazowszu zaczął panować Bolesław Kędzierzawy, a w Wielkopolsce Mieszko III. Natomiast Henryk, który był jeszcze niepełnoletni, objął władzę na ziemi sandomierskiej dopiero w roku 1146.

Agnieszka i Salomea

Od początku Władysław II dążył do wzmocnienia swej władzy pryncypackiej kosztem pozycji politycznej młodszych braci. W tej postawie wspierała go żona Agnieszka, córka margrabiego austriackiego Leopolda, mająca opinię kobiety bardzo ambitnej i bezwzględnej. Z kolei Bolesław Kędzierzawy i Mieszko III mieli wsparcie ze strony swej matki Salomei (Władysław II był synem Krzywoustego z pierwszego małżeństwa, jego matką była księżniczka ruska Zbysława).

Sojusz Władysława z Wsiewołodem i wojna domowa

Mając zapewnioną pomoc ze strony księcia kijowskiego Wsiewołoda, z którym zawarł sojusz, Władysław II rozpoczął w roku 1142 walkę z młodszymi braćmi. Zaczął od spustoszenia Mazowsza, co – jak się wydaje – miało być pokazem siły. Po śmierci Salomei w r. 1144 przystąpił do opanowania grodów na ziemi łęczyckiej, posiłkując się pomocą swojego ruskiego sojusznika. Następnie zaatakował wojska braci przyrodnich, pokonując ich w roku 1145. Książę kijowski Wsiewołod w nagrodę za udzielone wsparcie otrzymał gród Wiznę wraz z okolicą.

Mediacja i śmierć Pawła Włostowica

Misji mediacyjnej między Władysławem a młodszymi braćmi podjął się wówczas możnowładca śląski Piotr Włostowic, pełniący urząd palatyna. Jego misja zakończyła się jednak tragicznie: Władysław pozbawił go urzędu i kazał oślepić. Czyn ten stał się powodem buntu możnych – postanowili oni przejść do obozu juniorów.

Ucieczka Władysława

Tak wzmocnieni, Bolesław Kędzierzawy i Mieszko III rozpoczęli kampanię przeciwko seniorowi. Mieli po swojej stronie arcybiskupa gnieźnieńskiego Jakuba ze Żnina, który rzucił klątwę na Władysława. Wiosną 1146 r. ich wojska zdobyły Kraków, a Władysław opuścił Polskę i udał się do Niemiec.

Bolesław Kędzierzawy (1146-1173)

Po wypędzeniu Władysława Bolesław Kędzierzawy objął władzę zarówno w dzielnicy senioralnej, jak i na Śląsku. Razem z Mazowszem miał więc w swoich rękach przeważającą część ziem polskich. Na ziemi sandomierskiej osadził Henryka, który osiągnął już pełnoletniość.

Niedoszła wyprawa Konrada III na Polskę

Tymczasem Władysław Wygnaniec liczył na pomoc władcy Niemiec Konrada III, skoligaconego z jego żoną Agnieszką. Cesarz w sierpniu 1146 zorganizował wyprawę zbrojną do Polski, jednak zawróciła ona z drogi, gdyż w międzyczasie osiągnięte zostało porozumienie z braćmi Wygnańca. Ustalono, że zapłacą oni zaległy trybut – i to wystarczyło, by Konrad III poniechał planów militarnych wobec Polski.

Wyprawa Fryderyka Rudobrodego i hołd w Krzyszkowie

W r. 1155 Władysław Wygnaniec złożył hołd lenny nowemu władcy Niemiec, Fryderykowi I Rudobrodemu. Ponieważ nie uczynili tego młodsi Piastowie, Fryderyk postanowił w r. 1157 wyprawić się na Polskę. Wyprawa ta dotarła do Krzyszkowa pod Poznaniem, gdzie Bolesław Kędzierzawy porozumiał się z cesarzem: złożył mu hołd lenny, zobowiązał się do udziału w wyprawie do Italii oraz zapłacił trybut w nieznanej wysokości. Gwarantem przestrzegania tego porozumienia miał być najmłodszy z braci, Kazimierz, który udał się do Niemiec w roli cesarskiego zakładnika.

Bolesław Kędzierzawy nie wziął udziału w wyprawie włoskiej, czym naraził się cesarzowi. Jednak w r. 1159 zmarł Władysław Wygnaniec, dzięki czemu Kędzierzawy stał się legalnym seniorem.

W r. 1163 Bolesław zawarł z cesarzem układ, na mocy którego na Śląsk powrócili z wygnania synowie Władysława – Bolesław Wysoki i Mieszko Plątonogi – otrzymując do podziału między siebie tę dzielnicę.

Kazimierz otrzymuje ziemię sandomierską

W r. 1166 podczas krucjaty przeciwko Prusom zginął książę sandomierski Henryk. Większość jego dzielnicy książę zwierzchni zagarnął dla siebie, wyodrębniając z niej dla Kazimierza tylko niewielki obszar ziemi wiślickiej. Na wiecu w Jędrzejowie w roku 1168 uaktywniła się opozycja możnowładcza, pod której presją Kędzierzawy musiał przekazać całą ziemię sandomierską Kazimierzowi.

Konflikt między synami Władysława Wygnańca

Na początku lat siedemdziesiątych XII wieku Bolesław Wysoki został wypędzony ze Śląska przez swoich braci – Mieszka Plątonogiego i Konrada – i zwrócił się o pomoc do cesarza. Spór załagodził Mieszko III, godząc się na powrót Bolesława Wysokiego i płacąc 8 tys. grzywien srebra w charakterze okupu.

Mieszko III (1173-1177)

Mieszko III po śmierci Bolesława Kędzierzawego został niekwestionowanym princepsem. Swą siedzibą wielkoksiążęcą uczynił Gniezno, zaś władzę w dzielnicy senioralnej sprawował w jego imieniu kasztelan krakowski Henryk Kietlicz.

Kontrowersyjna polityka fiskalna księcia
Nowy princeps prowadził bardzo rygorystyczną politykę fiskalną, stanowczo egzekwując powinności i daniny ciążące na poddanych, w tym na możnych. Chciał w ten sposób powiększyć zasobność skarbca wielkoksiążęcego. Kilkakrotnie dokonał wymiany pieniędzy, zmniejszając w nich zawartość srebra – co też wpłynęło na podreperowanie budżetu.

Bunt panów krakowskich
W r. 1177 możnowładcy krakowscy, zaniepokojeni spadkiem swych wpływów oraz niezadowoleni z posunięć princepsa w dziedzinie gospodarczej, wzniecili bunt.

Początkowo zaproponowali tron krakowski panującemu na Śląsku Bolesławowi Wysokiemu, który był najstarszy w rodzie Piastów po Mieszku III. Bolesław nie mógł jednak przybyć do Krakowa, gdyż w tym samym czasie wystąpił zbrojnie przeciwko niemu jego młodszy brat Mieszko Plątonogi, domagając się oddania mu Wrocławia. Z kolei w Wielkopolsce przeciwko Mieszkowi III zbuntował się jego najstarszy syn Odon, co uniemożliwiło dotychczasowemu princepsowi skuteczną walkę z krakowskimi spiskowcami. Zaproponowali oni w tej sytuacji tron krakowski księciu Kazimierzowi, najmłodszemu synowi Bolesława Krzywoustego.

Kazimierz Sprawiedliwy (1177-1194)

Przywilej łęczycki

Najważniejszym wydarzeniem polityki wewnętrznej w okresie panowania Kazimierza II był zjazd w Łęczycy w r. 1180. Oprócz książąt uczestniczyli w nim wszyscy biskupi gnieźnieńskiej prowincji kościelnej. Ich obecność oznaczała uznanie władzy zwierzchniej Kazimierza, który nie był przecież seniorem w rodzie Piastów, a więc obejmując władzę złamał zasadę senioratu (starszy od niego był nie tylko obalony jako princeps Mieszko III, ale także synowie Władysława Wygnańca).

W Łęczycy Kazimierz ogłosił decyzje dotyczące Kościoła, które później zaczęto określać mianem przywileju łęczyckiego: zrezygnował z *ius spolii*, czyli prawa do zaboru majątku ruchomego po zmarłym biskupie, zwolnił także właścicieli dóbr kościelnych z obowiązku goszczenia księcia i jego wysłanników. Duchowieństwo otrzymało immunitet ekonomiczny, czyli zostało zwolnione ze świadczeń na rzecz księcia. Za zgodą wiecu zniesiony został statut Bolesława Krzywoustego, a w jego miejsce zatwierdzono zasadę dziedziczenia tronu krakowskiego przez potomków Kazimierza Sprawiedliwego.

Polityka wobec Rusi

Aktywnie zaangażował się Kazimierz w politykę na Rusi. Swoją córkę (nieznaną z imienia) wydał za mąż za księcia kijowskiego Wsiewołoda Olegowicza. Rozciągnął swoje wpływy polityczne na księstwo brzesko-włodzimierskie, osadzając w r. 1182 na tronie w Brześciu swego siostrzeńca, wychowanego w Krakowie księcia Romana.

W r. 1187, po śmierci księcia halickiego Jarosława, tron w Haliczu przejął Roman, pokonując syna zmarłego księcia, Włodzimierza Jarosławowicza. Wygnany Włodzimierz udał się na Węgry i poprosił o pomoc króla Belę III, zaś Roman zaapelował o wsparcie do Kazimierza Sprawiedliwego.

Bela III wkroczył do Halicza, lecz osadził tam swojego syna, Andrzeja II. Kazimierz za aprobatą cesarza Fryderyka Rudobrodego zorganizował w r. 1190 wyprawę na Ruś Halicką, którą dowodził wojewoda krakowski Mikołaj. Musiała ona jednak pospiesznie wrócić do Polski wobec zagrożenia Krakowa przez oddziały Mieszka Starego, który bezskutecznie próbował odzyskać władzę princepsa. Wyprawa ta zapoczątkowała długotrwałą rywalizację polsko-węgierską o Ruś Halicką.

Leszek Biały (1194-1227)

Próby przejęcia tronu krakowskiego przez Mieszka III

Po nagłej śmierci Kazimierza Sprawiedliwego (zmarł podczas uczty, podejrzewano otrucie) możnowładcy krakowscy wybrali na princepsa małoletniego syna Kazimierza, Leszka Białego, ustanawiając jednocześnie regencję. Miała ją sprawować wdowa po zmarłym władcy, księżna Helena, wraz z biskupem krakowskim Pełką i wojewodą Mikołajem. Mieszko III postanowił jednak walczyć o tron krakowski. W r. 1195 doszło nad rzeczką Mozgawą koło Jędrzejowa do bitwy między wojskami księcia wielkopolskiego a oddziałami dowodzonymi przez wojewodę Mikołaja. Mieszko przegrał, na polu bitwy zginął jego syn Bolesław.

Na mocy porozumienia z księżną Heleną Mieszko Stary objął rządy w Krakowie jako opiekun małoletniego Leszka, z powodu konfliktu z biskupem Pełką musiał jednak wkrótce Kraków opuścić. Wrócił tam jeszcze raz, w r. 1201, gdy doszedł do ugody z możnowładcami małopolskimi. Rok później Mieszko zmarł.

Rywalizacja z Władysławem Laskonogim

Po jego śmierci o tron krakowski Leszek Biały rywalizował z księciem wielkopolskim Władysławem Laskonogim (synem Mieszka Starego), mającym poparcie wojewody Mikołaja. Prawdopodobnie w latach 1202-1205 Laskonogi zasiadał na tronie krakowskim, a Leszek Biały dysponował ziemią sandomierską.

W r. 1205 na Małopolskę najechał książę halicki Roman, został jednak pokonany przez Leszka pod Zawichostem. Podczas tej bitwy ruski najeźdźca poległ. Ten sukces militarny na tyle wzmocnił prestiż Leszka Białego, że umożliwił mu odzyskanie władzy w Krakowie.

Walka o Ruś Halicką

Polityka zagraniczna Leszka stała pod znakiem dążenia do umocnienia polskim wpływów na Rusi. Kilkakrotnie książę krakowski wyprawiał się na Halicz, gdzie władzę po śmierci Romana objął jego syn Daniel. W rywalizacji o wpływy zwyciężyli jednak wówczas Węgrzy, opanowując Halicz.

Upowszechnianie się immunitetów

W I połowie XIII wieku zaczęły się na ziemiach polskich upowszechniać immunitety, czyli zwolnienia od obciążeń wobec władzy politycznej. Początkowo immunitety dotyczyły własności kościelnej, następnie zaczęły obejmować także własność możnych świeckich. W r. 1210 Leszek Biały, Konrad Mazowiecki i Władysław Odonic na zjeździe w Borzykowie zrezygnowali z prawa do przejmowania ruchomości po zmarłym biskupie (*ius spolii*), co było potwierdzeniem zobowiązań Kazimierza Sprawiedliwego ze zjazdu łęczyckiego.

Problem Pomorza i zjazd w Gąsawie

Leszek Biały z niepokojem patrzył na usamodzielnianie się Pomorza Gdańskiego, które w myśl statutu Krzywoustego podlegać miało księciu krakowskiemu. Tymczasem pomorski namiestnik Mściwoj uniezależnił się na tyle, że zaczął używać tytułu *princeps*. Jego syn Świętopełk poszedł jeszcze dalej, nadając sobie tytuł *dux*. Chcąc zapobiec emancypacji Pomorza, Leszek Biały zwołał w r. 1227 do Gąsawy na Kujawach zjazd książąt. Miano tam omawiać także kwestię wojny domowej w Wielkopolsce między Władysławem Laskonogim a Władysławem Odonicem. W spotkaniu oprócz Leszka wzięli udział Henryk Brodaty ze Śląska, Konrad Mazowiecki i Władysław Odonic. Na uczestników zjazdu napadli Pomorzanie nasłani przez Świętopełka. Leszek zginął, Henryk został ciężko ranny.

Upadek pryncypatu

Śmierć Leszka zakończyła okres pryncypatu. Od tego momentu do końca rozbicia dzielnicowego nie było żadnej władzy zwierzchniej, która swym zasięgiem obejmowałaby całość ziem polskich. Leszek Biały jako ostatni z książąt piastowskich używał tytułu *dux Poloniae*. Ziemia krakowska przestała po jego śmierci pełnić funkcję dzielnicy senioralnej i stała się jedną z dzielnic dziedzicznych. Wobec braku władzy zwierzchniej poszczególne księstwa stały się w pełni suwerennymi bytami politycznymi.

Monarchia Henryków śląskich

Henryk I Brodaty (1201-1238) zjednoczył pod swoim panowaniem Śląsk, ziemię krakowską i sandomierską (po pokonaniu Konrada I Mazowieckiego w r. 1232) oraz znaczną część Wielkopolski (po pokonaniu Władysława Odonica).

Akcja kolonizacyjna

Wielką wagę poświęcał ten władca rozwojowi gospodarczemu, o czym świadczy rozpoczęta przez niego szeroka akcja kolonizacyjna: osadników sprowadzał z Niemiec, osadzając ich głównie na zachodzie Śląska, między Bobrem a Kaczawą, i na pogórzu sudeckim. Oprócz licznych wsi zakładał także miasta – lokację na prawie niemieckim otrzymał wtedy Wrocław, a także Środa Śląska, Złotoryja, Lwówek i wiele innych miast. Pod koniec jego panowania do kolonizacji na prawie niemieckim została dopuszczona także ludność polska, rozpoczął się również proces przechodzenia wsi funkcjonujących dotąd według zasad tradycyjnego polskiego prawa książęcego na prawo niemieckie.

Zasady lokacji na prawie niemieckim

Lokowanie wsi na prawie niemieckim odbywało się według następujących zasad: zasadźca ustalał z księciem, będącym właścicielem ziemi, warunki sprowadzenia osadników i zawierał z nim stosowną umowę. Osadnicy przez pierwszy okres byli zwolnieni od zobowiązań wobec księcia – był to okres tak zwanej wolnizny. Trwał on od 2 do 24 lat, w zależności od tego, czy wieś była zakładana na tak zwanym surowym korzeniu (czyli po wykarczowaniu lasu), czy też na terenie już względnie zagospodarowanym. Po upłynięciu okresu wolnizny osadnicy płacili czynsz w formie pieniężnej, jego wysokość była zapisana w umowie. Czynsze zbierał dawny zasadźca, który po założeniu wsi pełnił funkcję sołtysa. Jedną szóstą zgromadzonych pieniędzy z czynszów oraz jedną trzecią z opłat sądowych zatrzymywał on dla siebie.

Wieś na prawie niemieckim uzyskiwała samorząd: powoływano spośród osadników ławę, która pełniła funkcje sądownicze oraz wykonawcze. W uprawach rolnych stosowano trójpolówkę, a gospodarstwa były zakładane według planu przestrzennego: domy stały wzdłuż ulicy, za nimi znajdowały się pola uprawne – po jednym łanie (około 16 hektarów) na każde gospodarstwo. Tylko sołtys miał prawo posiadania kilku łanów ziemi, a także młyna i karczmy.

Osadnictwo na prawie niemieckim zdynamizowało rozwój gospodarki towarowo-pieniężnej na ziemiach polskich, przyspieszyło rozwój cywilizacyjny. Stało się także źródłem wysokich dochodów dla skarbca książęcego.

Najazd Tatarów i bitwa pod Legnicą

Henryk II Pobożny (1238-1241) odziedziczył po swym ojcu duży obszar, który mógł być punktem wyjścia do prób zjednoczenia państwa polskiego, jego plany w tej dziedzinie zostały jednak zniweczone przez najazd Tatarów na Małopolskę i Śląsk. Do rozstrzygającej bitwy doszło pod Legnicą w kwietniu 1241 r. Wojska polskie, wspomagane przez templariuszy, krzyżaków i rycerzy z wielu krajów Europy, poniosły klęskę, a Henryk Pobożny zginął na polu bitwy.

Sprowadzenie krzyżaków do Polski

Zakon Krzyżacki (Zakon Szpitala Najświętszej Marii Panny Domu Niemieckiego w Jerozolimie) powstał w r. 1190, aby opiekować się rannymi uczestnikami wypraw krzyżowych i pielgrzymami w Ziemi Świętej.

W r. 1226 krzyżaków do Polski sprowadził Konrad Mazowiecki, chcąc by w jego imieniu zajęli się podbojem i chrystianizacją terenów zamieszkanych przez Prusów. Dążenie to było tym bardziej uzasadnione, że Prusowie od dziesięcioleci napadali na pograniczne tereny Mazowsza, łupiąc je i uprowadzając jeńców. Krzyżacy otrzymali od Konrada ziemię chełmińską jako uposażenie w zamian za obowiązek walki z Prusami. Konrad liczył, że podbite tereny przyłączy do swojej dzielnicy.

W latach 1231-1283 krzyżacy opanowali ziemie pruskie, tworząc na zajętych terenach państwo zakonne ze stolicą w Malborku. Zbudowali silnie ufortyfikowane zamki i bezwzględnie tłumili wszelkie próby samoobrony podejmowane przez ludność pruską. Na czele państwa krzyżackiego stanął wielki mistrz, uznający się za lennika cesarza niemieckiego.

Ziemie polskie w pięćdziesięcioleciu po klęsce legnickiej

Najwybitniejszym księciem polskim w tym okresie był syn Leszka Białego, Bolesław Wstydliwy (1243-1279), panujący na ziemi krakowskiej i sandomierskiej. Był ożeniony z Kingą, córką króla Węgier Beli IV. Jego zasługą było nadanie Krakowowi praw miejskich (według prawa magdeburskiego) w r. 1257. Dbał o interesy Kościoła, nadając mu liczne przywileje ekonomiczne i sądowe. Doprowadził do kanonizacji biskupa krakowskiego Stanisława ze Szczepanowa – uroczystości kanonizacyjne odbyły się w katedrze na Wawelu w r. 1254. W polityce zagranicznej wspierał Węgrów w ich rywalizacji z Czechami, pokonał w r. 1264 Rusinów i Jaćwingów, zagrażających wschodniej granicy jego księstwa. Zmarł bezpotomnie, co wynikało ze złożonych przez niego ślubów czystości.

Leszek Czarny był księciem krakowskim i sandomierskim w latach 1279-1288, miał w swym posiadaniu także ziemie sieradzką, łęczycką i kujawską. Pod koniec 1287 roku na Małopolskę najechali Tatarzy, książę zrezygnował z walki z nimi w polu, a zagrożona ludność schroniła się w dobrze bronionych zamkach. Bezpotomna śmierć Leszka Czarnego doprowadziła do kilkuletnich walk o władzę nad Krakowem, z których zwycięsko wyszedł władca czeski z dynastii Przemyślidów, Wacław II.

Późne średniowiecze

Kryzys papiestwa (1305-1417)

„Niewola babilońska" papieży

Wpływ Francji na papiestwo

Od r. 1309 siedzibą papieża był nie Rzym, lecz Awinion na południu Francji. To przeniesienie Stolicy Apostolskiej dokonało się w czasie, gdy najpotężniejszym władcą europejskim był król Francji Filip IV Piękny (1285-1314). Wykorzystał on upadek znaczenia cesarstwa, pogrążonego w wewnętrznych walkach i rywalizacjach, oraz destabilizację polityczną we Włoszech, by skłonić papieża Klemensa V (1305-1314) do przeniesienia papiestwa do Awinionu. Wprawdzie to miasto nie należało formalnie do Francji, lecz stanowiło wraz z okolicą suwerenne terytorium papieskie – jednak ze wszystkich stron było otoczone przez monarchię Filipa, a jego wojska mogły tam w każdej chwili interweniować.

Dominacja Francji nad Kościołem katolickim wyrażała się wówczas chociażby w tym, że wszyscy papieże w okresie „niewoli babilońskiej", trwającej do r. 1377, byli Francuzami (Klemens V, Jan XXII, Benedykt XII, Klemens VI, Innocenty VI, Urban V, Grzegorz XI), reprezentanci tego narodu stanowili również większość kolegium kardynalskiego. Król francuski wyznaczał kandydatów na urzędy biskupie w swoim kraju, a papież tylko te kandydatury zatwierdzał.

Przemiany w funkcjonowaniu papiestwa

W Awinionie zreformowane zostało funkcjonowanie papiestwa: uporządkowano zasady ściągania pieniędzy z poszczególnych krajów europejskich, zlikwidowano wakaty na stanowiskach kościelnych, podjęto zdecydowaną walkę z herezją. Jednocześnie pogłębiły się zjawiska negatywne, podważające autorytet papiestwa: frustracja wśród duchowieństwa z powodu wysokiego opodatkowania na rzecz Awinionu, korupcja hierarchii kościelnej, wystawny styl życia dworu papieskiego. Szczególnie złą opinię zyskał sobie pod tym względem papież Klemens VI (1342-1352) ze względu na rozwiązłość i symonię.

Wielka Schizma zachodnia

W r. 1377 papież Grzegorz XI powrócił do Wiecznego Miasta. Gdy rok później zmarł, kolegium kardynalskie, ulegając nastrojowi mieszkańców Rzymu, powołało na urząd papieski Włocha, który przybrał imię Urbana VI. Szybko jednak kardynałowie, w większości Francuzi, zaczęli żałować swej decyzji: Urban VI okazał się autokratą i paranoikiem. Po kilku miesiącach kolegium kardynalskie spotkało się ponownie i zdjęło z urzędu Urbana VI, wybierając na jego miejsce Klemensa VII.

Urban VI (1378-1389) nie uznał decyzji kardynałów, powołał nowe kolegium i umocnił swoją pozycję w Rzymie. Jego władza w Kościele uznawana była w Italii, Anglii, cesarstwie, Skandynawii, Portugalii i krajach Europy Środkowowschodniej. Natomiast Klemens VII (1378-1394), który przeniósł się do Awinionu, miał poparcie Francji, Szkocji, Kastylii i Aragonii.

Rozłam w Kościele katolickim utrzymywał się przez trzy dekady. Obozy rzymski i awinioński powoływały swoich kolejnych papieży, powodując dewastację autorytetu władzy papieskiej. Dążąc do przezwyciężenia tego kryzysu, wyżsi duchowni z obu obozów spotkali się w r. 1409 w Pizie, by wybrać wspólnego papieża. Powołali na to stanowisko franciszkanina Piotra Philargesa, który przyjął imię Aleksandra V. Wybór ten pogłębił tylko chaos w Kościele, gdyż dwaj pozostali papieże – rzymski Grzegorz XII i awinioński Benedykt XIII – nie zrezygnowali z urzędu. Kryzys został przezwyciężony i jedność Kościoła przywrócona dopiero w r. 1417 w wyniku decyzji soboru w Konstancji.

Sobór w Konstancji (1415-1418) i jego skutki

Zwycięstwo koncyliarystów

Był on największym zgromadzeniem kościelnym w średniowieczu. Przyniósł zwycięstwo koncyliarystom, czyli zwolennikom poglądu, iż sobór jest w Kościele instytucją o wyższym autorytecie niż papież – i to sobór ma prawo wytyczać główne kierunki rozwoju. W Konstancji poniosła porażkę średniowieczna koncepcja *papieskiej monarchii*, mówiąca, iż papież sprawuje władzę w Kościele na wzór monarchów w państwach świeckich. Papieżem wybrany został Marcin V (1417-1431).

Ignorowanie soborów przez papieży

Sukces koncyliarystów okazał się jednak krótkotrwały. Marcin V nigdy nie pogodził się z koncepcją wyższości soboru nad papieżem. W r. 1423 zwołał do Sieny sobór, lecz rozwiązał go, gdy się okazało, że dominują na nim koncyliaryści. Również jego następca Eugeniusz IV (1431-1447) ignorował uchwały soboru w Bazylei, który potwierdził ustalenia z Konstancji.

Herezje późnośredniowieczne

Poglądy Johna Wyclifa

John Wyclif (ok. 1330-1384) był angielskim teologiem i filozofem, wykładał na uniwersytecie w Oxfordzie. Swoje poglądy religijne opierał na teologii św. Augustyna, w tym na jego teorii predestynacji. Uważał mianowicie, że część ludzi została przeznaczona przez Boga do zbawienia i prowadzą oni proste, uczciwe życie, zgodne z zasadami Nowego Testamentu, natomiast niewyznaczeni przez Boga prowadzą życie grzeszne. Głosił, iż Pismo Święte jest najważniejszym źródłem wiary, a istnienie hierarchii kościelnej pozbawione jest uzasadnienia, gdyż nie ma o niej mowy w Biblii. Sławił ubóstwo Chrystusa i przeciwstawiał je konsumpcyjnemu stylowi życia Kościoła, domagał się odebrania Kościołowi majątków. Odrzucał koncepcję uniwersalizmu papieskiego, twierdząc, że Kościoły powinny mieć charakter narodowy i podlegać władzy państwowej, a msze powinny być odprawiane w językach narodowych. Głosił tezę, iż duchowni nie powinni posiadać własności prywatnej. Odrzucał ideę transsubstancjacji, utrzymując, iż eucharystia ma charakter jedynie symboliczny.

Poglądy Wyclifa zostały potępione w r. 1377 przez papieża Grzegorza XI, spotkały się natomiast z aprobatą zarówno w środowisku angielskich teologów uniwersyteckich, jak i wśród ludu. Jego zwolenników nazywano lollardami (*lollards*). Nauczali oni, że pobożni chrześcijanie powinni zerwać ze skorumpowanym Kościołem i samodzielnie studiować Biblię, odwołując się do swego sumienia. Lollardzi zyskali wielu zwolenników w ostatnich dwóch dekadach XIV wieku. By zwalczać ich poglądy, w roku 1399 wprowadzono w Anglii karę śmierci za herezję.

Sytuacja w Czechach

Na przełomie XIV i XV wieku w Czechach kultura narodowa znajdowała się w defensywie. Zagrażała jej ekspansja kultury niemieckiej, wynikająca zarówno z napływu osadników z obszaru Niemiec, jak i z ulegania części społeczeństwa czeskiego, głównie szlachty i mieszczaństwa, procesowi germanizacji. Sprzyjała mu panująca wówczas na ziemiach czeskich niemiecka dynastia Luksemburgów.

Był to w Czechach także czas nasilającej się krytyki Kościoła katolickiego – za jego laicyzację i upadek wartości moralnych. Oba te czynniki, narodowy i religijno-etyczny, stały się bodźcem dla profesora uniwersytetu praskiego Jana Husa (1369-1415) do podjęcia próby zreformowania czeskiego Kościoła. Popularność jako kaznodzieja zdobył wygłaszając w katedrze praskiej kazania przeciwko „światu, ciału i diabłu”.

Działalność Jana Husa

Dla Jana Husa wzorem reformatora religijnego był John Wyclif. Z jego poglądami zetknął się pod koniec XIV wieku dzięki angielskim uczonym odwiedzającym uniwersytet praski.

Hus domagał się zreformowania Kościoła w duchu narodowym, co oznaczałoby wprowadzenie obrządku słowiańskiego. Ponadto uważał, iż Pismo Święte jest jedynym źródłem wiary, sakrament komunii powinien być udzielany wszystkim do niego przystępującym pod dwiema postaciami, chleba i wina, zaś Ewangelię mogą głosić nie tylko duchowni, ale także ludzie świeccy.

Za głoszenie tych poglądów Kościół czeski obłożył go klątwą, która została potwierdzona przez papieża Grzegorza XII. Zygmunt Luksemburski (wówczas król niemiecki i węgierski) wezwał Husa do stawienia się na soborze

w Konstancji w celu wyjaśnienia tam swego stanowiska –
i zaopatrzył go w list żelazny. Mimo tej gwarancji Hus,
który zaufał królowi i przybył do Konstancji, 6 lipca 1415
roku został spalony na stosie jako heretyk.

Powstanie husytów w Czechach

Cztery artykuły praskie

Duchowieństwo czeskie sympatyzujące z poglądami Husa
ogłosiło w roku 1417 tak zwane cztery artykuły praskie,
precyzujące postulaty ruchu husyckiego. Obejmowały one:
prawo do swobody głoszenia Słowa Bożego, prawo do komunii pod dwiema postaciami, żądanie sekularyzacji dóbr
kościelnych oraz postulat karania grzechów śmiertelnych
przez władzę świecką.

Husyci kontra Zygmunt Luksemburski

W r. 1419 wybuchło w Pradze powstanie zbrojne husytów.
Zaczęło się od obalenia wrogiej husytom rady miejskiej,
a następnie odmowy uznania praw Zygmunta Luksemburskiego do korony czeskiej po śmierci Wacława IV Luksemburskiego. Wyprawy karne Zygmunta w r. 1420 zostały
pokonane przez husytów, którzy od r. 1427 przeszli do kon-
truderzenia, przenosząc walki na terytorium przeciwnika:
Morawy, zachodnie Węgry, Śląsk, Saksonię oraz posiadłości brandenburskie.

Taktyka husytów

Husyci odnosili zwycięstwa dzięki taktyce walki opracowa-
nej przez doświadczonego dowódcę Jana Żiżkę z Trocnowa.
Taktyka ta polegała na zastosowaniu wozów bojowych,
które łączono łańcuchami, tworząc tak zwany tabor, czyli
ruchomą fortecę. Jazda i oddziały piechoty były ukryte wewnątrz taboru i znienacka uderzały na nieprzyjaciela, gdy
był już wycieńczony atakowaniem wozów.

Kalikstyni i taboryci

W ruchu husyckim wyodrębniły się dwa odłamy: kalikstyni (od *calix* – kielich, który był symbolem komunii pod dwiema postaciami), zwani także utrakwistami (od *sub utraque specie* – pod dwiema postaciami), reprezentowali głównie szlachtę i mieszczaństwo, a ich program ograniczał się do czterech artykułów praskich. Natomiast taboryci (od miasta Tabor, które było ich głównym ośrodkiem) reprezentowali w husytyzmie nurt radykalny, plebejski: odrzucali własność prywatną, głosili wspólnotę dóbr, podkreślali znaczenie równości społecznej, domagali się zniesienia wszelkich obrzędów religijnych. Taboryci przeważali w armii husyckiej.

W r. 1434 doszło do otwartego konfliktu między dwoma odłamami husytyzmu na tle stosunku do katolików. Kalikstyni byli zwolennikami negocjacji i kompromisu, podczas gdy taboryci zajęli nieprzejednane stanowisko. Kalikstyni byli zainteresowani negocjacjami, gdyż zależało im na porozumieniu w sprawie majątków, które zabrali Kościołowi katolickiemu. W maju 1434 r. rozegrała się pod Lipanami bitwa między oddziałami kalikstynów a armią taborytów, w której zwycięstwo odnieśli ci pierwsi. Na polu bitwy zginął przywódca taborytów Prokop (stanął na czele taborytów po śmierci Jana Żiżki w r. 1424), a większość taborytów została wymordowana.

Kompaktaty praskie

W r. 1436 kalikstyni osiągnęli kompromis z katolikami, czego wyrazem było podpisanie tak zwanych kompaktatów praskich. Gwarantowały one husytom liturgię w języku narodowym, komunię pod dwiema postaciami oraz aprobowały przeprowadzoną podczas powstania sekularyzację dóbr kościelnych. Z kolei husyci uznali prawa Zygmunta Luksemburskiego do korony czeskiej.

Ostatni punkt oporu taborytów – miasto Tabor – został zdobyty w roku 1452 przez przywódcę kalikstynów Jerzego z Podiebrad. Ocalałe z pogromu resztki taborytów utworzyły wspólnotę braci czeskich, działających aż do reformacji w warunkach konspiracyjnych.

Jerzy z Podiebrad został obrany przez szlachtę czeską królem w roku 1458 po śmierci Władysława Pogrobowca, syna Albrechta Habsburga. Zasiadał na tronie do r. 1471, po jego śmierci królem Czech został Władysław, najstarszy syn Kazimierza Jagiellończyka – była to realizacja postanowień układu, podpisanego w r. 1468 między Kazimierzem a Jerzym z Podiebrad. W r. 1490 objął on także tron węgierski po śmierci Macieja Korwina, syna pogromcy Turków Jana Hunyady'ego.

Wojna stuletnia

Przyczyny konfliktu francusko-angielskiego

W r. 1328 zmarł we Francji ostatni przedstawiciel głównej linii dynastii Kapetyngów, Karol IV Piękny. Jego następcą na tronie francuskim został Filip VI (1328-1350) z dynastii Walezjuszy, która była młodszą linią Kapetyngów. Jednak pretensje do tego tronu zgłosił również król Anglii Edward III, który był siostrzeńcem zmarłego Karola IV. Ta rywalizacja stała się jedną z przyczyn wybuchu wojny francusko-angielskiej.

Rywalizacja o Flandrię

Były również przyczyny mniej bezpośrednie, do których trzeba zaliczyć rywalizację obu krajów o wpływy w bogatej Flandrii, słynącej z przemysłu sukienniczego i rzemiosła. Region ten był na początku XIV wieku podporządkowany Francji (jako hrabstwo Flandrii), ale mieli tam swoje interesy kupcy angielscy.

Konflikt o lenna francuskie

Powodem konfliktu były także angielskie posiadłości we Francji. Od czasów Wilhelma Zdobywcy królowie angielscy mieli we Francji terytoria, które czyniły ich lennikami królów Francji. Takimi lennami były Normandia, Gujenna i wiele mniejszych obszarów. Gdy jednak królowie Francji rozpoczęli proces jednoczenia kraju i umacniania w nim swojej władzy, zaczęli dążyć do odebrania angielskim Plantagenetom ich francuskich posiadłości. Od powodzenia tej akcji zależało wyjście Francji z etapu rozbicia feudalnego.

Pierwszy etap wojny

Filip VI ogłosił w r. 1337 konfiskatę należącej do Edwarda III Gujenny. Obszar ten miał dla Anglii spore znaczenie gospodarcze, gdyż importowano stamtąd duże ilości wina, wełny i sukna. W odpowiedzi na zajęcie Gujenny przez wojska francuskie Edward III ogłosił deklarację wojenną, w której jednocześnie zakwestionował prawa do tronu Filipa VI Walezjusza. Król Anglii był popierany przez cesarza Ludwika Bawarskiego i wielu władców niemieckich.

W r. 1340 Francja poniosła klęskę w bitwie morskiej pod Sluys. Francuzów wspierali w tym starciu Hiszpanie, natomiast Anglików okręty flamandzkie. Dzięki temu zwycięstwu Anglicy zapewnili sobie panowanie na morzu.

Klęska Francuzów pod Crecy

W r. 1346 angielski korpus ekspedycyjny zaatakował północną Francję. Do rozstrzygającej bitwy doszło 26 sierpnia pod Crecy na rzeką Sommą – przyniosła ona druzgocącą klęskę Francuzom. Podczas tej bitwy ujawniła się z całą jaskrawością wyższość angielskiej taktyki walki: grad strzał walijskich łuczników uniemożliwił szarżowanie francuskiej kawalerii. Crecy stało się symbolem końca epoki rycerskiego pospolitego ruszenia i początkiem armii profesjonalnej, dobrze wyszkolonej i zdyscyplinowanej. Po bitwie Anglicy przystąpili do oblężenia Calais – zostało ono wzięte głodem po jedenastu miesiącach. Przyczółek ten pozostał w rękach Anglików przez dwieście lat, umożliwiając im kontrolowanie kanału La Manche.

Wojna a dżuma

Epidemia dżumy, która nawiedziła Francję w latach 1348-50, spowodowała czasowe przerwanie walk. W r. 1347 zawarto rozejm – przetrwał on do 1351. Podczas rozejmu zmarł francuski król Filip VI, a zastąpił go Jan II Dobry (1350-1364).

Drugi etap wojny

Jan Dobry szybko zraził sobie francuskich feudałów autokratycznymi rządami, pychą i ignorancją, co ułatwiło Anglikom ofensywę. W r. 1355 oddziały angielskie dowodzone przez syna króla Edwarda III, Edwarda księcia Walii zwanego Czarnym Księciem, spustoszyły Langwedocję (południe Francji), a w roku następnym walki przeniosły się do Normandii i w dolinę Loary. We wrześniu 1356 r. rozegrana została bitwa pod Maupertuis niedaleko Poitiers. I tym razem armia francuska poniosła klęskę, tracąc około 2,5 tys. rycerzy. Król Jan Dobry dostał się do niewoli, w której przebywał ponad trzy lata. Rządy w jego zastępstwie sprawował w tym czasie delfin (następca tronu) Karol. Anglicy opanowali liczne zamki na północy kraju, z których dokonywali ciągłych wypadów na okoliczne tereny.

Stany Generalne

W latach 1355-1359 corocznie zbierało się w Paryżu przedstawicielstwo szlachty, kleru i mieszczan, domagając się powołania rady królewskiej reprezentującej wszystkie trzy stany i usunięcia z dworu złych doradców. Był to początek funkcjonowania Stanów Generalnych (choć sama nazwa francuskiego parlamentu stanowego weszła do użycia dopiero w XVI wieku). Głoszone postulaty zostały wówczas zignorowane przez elitę dworską.

Żakeria

W maju 1358 r. w północno-wschodniej Francji (Szampania, Pikardia) wybuchło gwałtowne powstanie chłopskie zwane żakerią (od popularnej postaci poczciwego chłopa

Jacquesa le Bonhomme, występującej w opowieściach ludowych). Chłopi zaprotestowali w ten sposób przeciwko przerzucaniu kosztów wojny na ich barki oraz grabieżom wojsk najemnych i band rozbójniczych. Powstańcy palili dwory, zabijali szlachtę, niszczyli rejestry powinności feudalnych. Przeciwko żakerii solidarnie wystąpiły oddziały francuskie i angielskie, pacyfikując zrewoltowane rejony. Pojmano przywódcę powstania, żołnierza Wilhelma Cale – zamęczono go podczas przesłuchań. Po dwóch miesiącach bunt stłumiono.

Pokój w Bretigny

W maju 1360 r. został podpisany pokój w Bretigny. Na jego mocy Anglia otrzymała księstwo Akwitanii (składające się z Gujenny, Gaskonii i kilku mniejszych obszarów), hrabstwa Montreuil, Ponthieu i Guines oraz port Calais. Jan Dobry został wykupiony za 3 mln złotych talarów. Władzę w Akwitanii objął następca tronu angielskiego Czarny Książę. Zgodnie z traktatem pokojowym król Francji stracił prawa lenne wobec odstąpionych ziem, a z kolei Edward III zrzekł się pretensji do korony francuskiej.

Trzeci etap wojny

Po dziewięciu latach pokój z Bretigny uległ załamaniu. Stało się to już po śmierci Jana Dobrego, gdy nowym królem Francji był Karol V Mądry (1364-1380). Monarcha ten zreformował armię francuską, opierając ją na zdyscyplinowanych oddziałach zawodowych, którym wypłacano żołd. Tępił bandytyzm i prywatne wojny między feudałami, poddał królewskiej kontroli zamki feudałów.

Szlachta i mieszczaństwo Akwitanii w r. 1369 zaczęły się buntować przeciwko panowaniu angielskiemu, głównie z powodu rosnącego ucisku podatkowego. Kler, rycerstwo i miasta Akwitanii zwracały się do Karola V z deklaracjami lojalności. Król Francji wezwał Czarnego Księcia przed sąd lenny do Paryża – argumentując, iż pokój z Bretigny nie został w terminie ratyfikowany, a więc jego postanowienie o zniesieniu podległości lennej posiadłości angielskich nie obowiązuje. Czarny Książę odpowiedział wznowieniem wojny.

Rozejm w Brugii

W ciągu sześciu lat walk Anglicy utracili swe posiadłości na północy Francji (z wyjątkiem Calais i Guines), a ich posiadłości na południu zostały zredukowane do obszaru Gujenny. W r. 1375 zawarto rozejm w Brugii – Francja powróciła mniej więcej do swych granic z początku wojny stuletniej.

W r. 1377 zmarł król Edward III i tron angielski objął po nim jego wnuk, dziesięcioletni Ryszard II (Czarny Książę, ojciec Ryszarda, zmarł rok wcześniej). Anglia za panowania Ryszarda II (1377-1399) wkroczyła w okres osłabienia władzy królewskiej i zwiększenia wpływów baronów. Również we Francji po śmierci Karola V w r. 1380 nastąpił czas niepokojów wewnętrznych i rządów feudałów przy małoletnim Karolu VI (1380-1422), który w momencie wstąpienia na tron miał 12 lat. Czynniki te spowodowały wygaśnięcie wojny angielsko-francuskiej na ponad trzydzieści lat.

Powstanie Wata Tylera

W r. 1381 w Anglii wybuchło ludowe powstanie Wata Tylera, skierowane przeciwko obciążeniom feudalnym i trzykrotnemu podniesieniu podatku pogłównego na pokrycie kosztów wojny. Zaczęło się ono w południowo-wschodniej Anglii od ataków na poborców podatkowych. Powstańcy działali podobnie jak uczestnicy francuskiej żakerii: napadali na zamki i niszczyli dokumenty. Chłopom z hrabstw Essex i Kent udało się opanować Londyn, gdzie palili domy urzędników królewskich i bogatych kupców, otwierali więzienia, dopuścili się także samosądów na urzędnikach królewskich. Na przedmieściu Mile End doszło do spotkania powstańców z Ryszardem II, który – posłuchawszy swych doradców – zgodził się na wysuwane przez chłopów żądania: zniesienia poddaństwa i pańszczyzny oraz zastąpienia wszystkich świadczeń niewielkim czynszem. Gdy buntownicy opuszczali Londyn z pisemnymi gwarancjami królewskimi, Wat Tyler został zamordowany przez ludzi króla. Powstanie pozbawione przywódcy zostało szybko stłumione przez armię, po czym nastąpiły masowe egzekucje jego uczestników.

Czwarty etap wojny

Wojska króla angielskiego Henryka V (1413-1422) wylądowały w roku 1413 u ujścia Sekwany. Francja pod rządami chorego umysłowo Karola VI była wówczas wewnętrznie osłabiona, gdyż toczyła się w niej wojna domowa między książętami burgundzkimi a orleańskimi.

Bitwa pod Azincourt i zdrada Burgundczyków

W październiku 1415 r. wojska francuskie poniosły klęskę w bitwie pod Azincourt, podczas której francuska ciężka jazda została zdziesiątkowana przez angielskich łuczników. Po tym sukcesie Anglicy z łatwością opanowali Normandię, a potem całą północną Francję.

W r. 1419 księstwo Burgundii, wchodzące w skład państwa francuskiego, wypowiedziało lojalność koronie francuskiej i sprzymierzyło się z Anglią. Ta zdrada znacznie osłabiła pozycję Francji w konflikcie zbrojnym z Anglią. Secesja burgundzka trwała do roku 1435.

Traktat w Troyes

W maju 1420 r. Karol VI, będący pod wpływem Burgundczyków, podpisał z Henrykiem V traktat w Troyes. Ustalono w nim małżeństwo Henryka V z córką Karola VI Katarzyną oraz postanowiono, że Henryk V zostanie regentem Francji, a po śmierci obłąkanego Karola VI – jej królem. Traktat ten odsunął więc od sukcesji francuskich Walezjuszy i wprowadzał unię personalną między Anglią a Francją.

W r. 1422 zmarli obaj królowie: angielski Henryk V i francuski Karol VI. Anglicy ogłosili królem Francji – zgodnie z konsekwencjami układu z Troyes – niespełna rocznego Henryka VI (syna Henryka V i córki Karola VI). Regencję przy nim objął jego stryj Jan książę Bedford. Tymczasem część feudałów francuskich ogłosiła królem dziewiętnastoletniego Karola VII, syna Karola VI. Przedstawiciele stanów francuskich, zgromadzeni w Clermont, uchwalili pomoc finansową dla niego.

Joanna d'Arc

W r. 1429 w obozie Karola VII zjawiła się ze swoimi zwolennikami Joanna d'Arc. Była ona córką chłopa z Lotaryngii, od 13 roku życia słyszała „głosy z Nieba", które wzywały ją do podjęcia walki z Anglikami. Postanowiła ich posłuchać, gdy miała 16 lat. Przybywszy konno i w męskim stroju do rezydencji Karola VII w Chinon, przekonała go do swego posłannictwa.

W kwietniu 1429 r. Joanna d'Arc przybyła z konwojem zaopatrzeniowym do Orleanu (miasto było oblegane przez Anglików, lecz pierścień oblężenia nie był szczelny) i poderwała załogę francuską do ataku na pozycje Anglików. W maju Anglicy odstąpili od oblężenia, a armia ochotnicza prowadzona przez Joannę d'Arc wyzwoliła Troyes i oczyściła z Anglików drogę do Reims – tradycyjnego miejsca koronacji królów francuskich. W lipcu odbyła się ceremonia koronacji Karola VII w katedrze w Reims.

W maju 1430 r. Joanna d'Arc dostała się pod Compiègne do niewoli Burgundczyków, którzy przekazali ją

Anglikom. Anglicy postawili ją przed francuskim sądem duchownym, złożonym z teologów uniwersytetu paryskiego, który uznał ją za heretyczkę i czarownicę. 30 maja 1431 roku Joanna d'Arc została spalona na stosie w Rouen. Mit Joanny d'Arc wpłynął na szeroki udział francuskich mas ludowych w końcowej fazie wojny stuletniej.

Porozumienie Karola VII z Burgundczykami

W sierpniu 1435 r. Karol VII spotkał się w Arras z księciem Burgundii Filipem Dobrym. Ich rozmowy przyniosły wystąpienie Burgundii z koalicji z Anglikami i poddanie się tego księstwa królowi Francji. Filip Dobry zachował swoje posiadłości i szeroką autonomię.

Decydujące zwycięstwa francuskie w wojnie stuletniej miały miejsce w kwietniu 1450 r. pod Formigny na północy oraz latem 1453 pod Castillon na południu. W wyniku pierwszego Francuzi odzyskali Normandię, a drugiego – Gujennę. W rękach Anglików pozostał tylko port w Calais, który utracili dopiero w r. 1558.

Morze Bałtyckie w XIII-XV wieku

Rola Hanzy nad Bałtykiem

W XIII wieku kupcy dwóch portowych miast niemieckich – Hamburga i Lubeki – założyli związek handlowy zwany Hanzą. W krótkim czasie do Hanzy przystąpiły skolonizowane przez Niemców miasta zainteresowane handlem bałtyckim: Sztokholm, Szczecin, Stralsund, Wrocław, Kraków, Ryga, Rewal. Hanza utrzymywała swoje faktorie także w Londynie, Brugii, Bergen, Nowogrodzie Wielkim. W roku 1300 należało do tej organizacji około 30 dużych miast i około 100 małych. Hanza stała się monopolistą w bałtyckim handlu zbożem i rybami. W Lubece zbierał się Hansetag – organ przedstawicielski, w którym zasiadali reprezentanci wszystkich zrzeszonych miast.

Konflikt z Flandrią

Walcząc z konkurencją ze strony obcych kupców, Hanza weszła w roku 1358 w konflikt z Flandrią, polegający na bojkocie towarów flandryjskich i wstrzymaniu eksportu zboża do tego kraju. W podpisanym dwa lata później porozumieniu kupcy flandryjscy zrezygnowali z rywalizacji o Bałtyk.

Konflikt z Danią

W XIV wieku nasiliła się rywalizacja między Danią a Hanzą. Duński król Waldemar IV Odnowiciel opanował w roku 1360 Skanię, należącą dotąd do Szwecji, i następnie wysunął plan zjednoczenia trzech państw skandynawskich – Danii, Szwecji i Norwegii. By jednak ten plan zrealizować, musiał najpierw zapewnić Danii dominację na Bałtyku kosztem Hanzy.

Bezpośrednią przyczyną wybuchu wojny duńsko-hanzeatyckiej był spór o prawo do eksploatacji łowisk śledzi u wybrzeży Skanii oraz opanowanie przez Danię wyspy Gotlandii wraz z hanzeatyckim miastem Visby. W latach 1361-1369 toczyły się starcia zbrojne, w których początkowo odnosił zwycięstwa Waldemar IV, jednak w końcu uległ potędze Hanzy sprzymierzonej z Anglią i Flandrią i wspieranej przez kupców holenderskich. Dania straciła kontrolę nad cieśniną Sund oraz łowiska śledzi u wybrzeży Skanii, musiała także zwrócić Szwecji Gotlandię, zaś Hanza uzyskała przywileje handlowe na rynku duńskim. Załamał się plan Waldemara przyłączenia do królestwa duńskiego Szwecji i Norwegii.

Unia kalmarska

W r. 1388 Duńczycy zaatakowali Szwecję. Walki trwały dziewięć lat, Szwedów wsparli Meklemburczycy, jako że w Szwecji panowała wówczas dynastia meklemburska. Meklemburczycy podjęli na Bałtyku działania kaperskie przeciw statkom duńskim, doprowadzając w efekcie do paraliżu całego handlu morskiego w tym rejonie. W r. 1397 ostatecznie zwyciężyli Duńczycy i została podpisana w Kalmarze unia duńsko-szwedzko-norweska, zwana unią kalmarską.

Jej zawarcie było wynikiem dążenia Danii do dominacji w Skandynawii, a także chęci przeciwstawienia się potędze Hanzy. Inicjatorką zawarcia unii była królowa Danii Małgorzata (1375-1412), córka Waldemara IV.

Unia kalmarska przetrwała do r. 1523, kiedy to w wyniku powstania antyduńskiego władzę w Szwecji objął wywodzący się z magnaterii Gustaw Waza, zapoczątkowując dynastię panującą do 1654 r.

Rola Zakonu Krzyżackiego nad Bałtykiem

Zakon Krzyżacki od czasu połączenia się z Zakonem Kawalerów Mieczowych w r. 1237 i zajęcia Pomorza Gdańskiego w roku 1308, posiadał długi odcinek wybrzeża bałtyckiego. Zmuszało go to do układania stosunków zarówno z Hanzą, jak i państwami leżącymi nad Bałtykiem i Morzem Północnym. Występując jako pośrednik, dyplomacja krzyżacka doprowadziła pod koniec XIV wieku do załagodzenia konfliktu między Hanzą a Anglią. Natomiast wobec Danii i jej ekspansji na obszarze Skandynawii zakon zachowywał postawę ściśle neutralną, nie popierając nawet Meklemburczyków w ich walce z królową Małgorzatą.

W końcowej fazie wojny duńsko-szwedzkiej, trwającej w latach 1388-1397, Krzyżacy odkupili od Szwecji wyspę Gotlandię i zaczęli ją fortyfikować, z zamiarem uczynienia z niej bazy dla swej floty bałtyckiej. Narastający konflikt z Polską i Litwą zmusił jednak zakon do skoncentrowania się na obronie posiadłości kontynentalnych, kosztem ekspansji na wodach Bałtyku. W r. 1409 Krzyżacy odstąpili Gotlandię Duńczykom.

Imperium osmańskie

Pochodzenie Turków osmańskich

Plemię Turków osmańskich przybyło ze stepów Azji Środkowej do Anatolii na początku XIV wieku. Imperium Turków seldżuckich, istniejące od XI wieku, znajdowało się już wówczas w stanie postępującej dezintegracji, do czego przyczynił się przede wszystkim najazd Mongołów w połowie XIII wieku. Rozpadło się ono na niezależne emiraty.

Turcy osmańscy – ich przywódcą był Osman, stąd ich nazwa – założyli w północno-zachodniej Anatolii swoją twierdzę, z której stopniowo rozpoczęli ekspansję na dalsze tereny Azji Mniejszej, a potem także Bałkanów. Ich emirat bardzo szybko stał się najsilniejszym organizmem powstałym na gruzach imperium seldżuckiego i rozpoczął ekspansję na sąsiednie tereny, w pierwszej kolejności na należące do cesarstwa bizantyjskiego obszary na Bałkanach.

Bałkany i ekspansja turecka

Serbia Stefana Duszana

W XIII wieku Bizancjum straciło większość swoich posiadłości na Bałkanach na rzecz Bułgarii i Serbii. Pod koniec tego wieku nastąpił schyłek potęgi Bułgarii, pokonanej przez Serbię. Władca serbski Stefan Duszan (1331-1355) przyjął tytuł cara i doprowadził do powołania patriarchatu serbskiego, niezależnego od patriarchatu w Konstantynopolu. Zamierzał podbić cesarstwo bizantyjskie, utworzyć na jego gruzach cesarstwo słowiańskie i obronić Europę przed naporem tureckim. Jego przedwczesna śmierć zaprzepaściła jednak te plany.

Gallipoli i Marica

W r. 1356 Turcy osmańscy zdobyli Gallipoli, swój pierwszy przyczółek w Europie, leżący w pobliżu Konstantynopola. Wnuk Osmana, Murad, zdobył w r. 1360 Adrianopol w Tracji, co umożliwiło Turkom ekspansję w głąb Półwyspu Bałkańskiego.

W r. 1371 Turcy zwyciężyli wojska węgierskie Ludwika Andegaweńskiego w bitwie nad brzegami Maricy. W ręce tureckie przeszła Macedonia, a Bizancjum, w którym panował wtedy cesarz Jan V, stało się lennem tureckim.

Kosowe Pole, Nikopolis, Ankara

W r. 1389 w wyniku bitwy na Kosowym Polu Serbia straciła niepodległość i została prowincją imperium tureckiego. Kilka lat później Turcy podbili również Bułgarię.

Rycerstwo zachodnioeuropejskie pod wodzą Zygmunta Luksemburskiego poniosło w r. 1396 wielką klęskę w bitwie z armią turecką pod Nikopolis. Od tego momentu bezpośrednio zagrożone stały się Węgry.

W r. 1402 Turcy ponieśli klęskę pod Ankarą w starciu z wojskami mongolskiego władcy Tamerlana, a sułtan turecki Bajazyd I dostał się do niewoli. Spowodowało to zahamowanie ekspansji tureckiej w Europie na około dwadzieścia lat.

Janczarzy i spahisi

Sukcesy militarne Turków osmańskich były ściśle związane z reformą ich sił zbrojnych. W r. 1330 utworzony został korpus janczarów, czyli wyborowej piechoty, rekrutującej się spośród uprowadzonych w niewolę obcoplemiennych chłopców. Byli oni wychowywani i szkoleni w specjalnym obozie, gdzie ulegali wynarodowieniu i stawali się fanatycznymi wyznawcami islamu. W okresie pokoju cały czas przebywali skoszarowani, nie wolno im było wstępować w związki małżeńskie. Byli najlepiej wyszkoloną i najbardziej zdyscyplinowaną częścią tureckiej armii, decydującą o wyniku większości bitew.

Oprócz janczarów istotną częścią składową tureckich sił zbrojnych byli spahisi, czyli ciężkozbrojna jazda. Rekrutowała się ona spośród wojowników nagradzanych przez sułtana dożywotnimi nadaniami ziemi.

Upadek Bizancjum

Sobór we Florencji

Podczas soboru we Florencji w 1439 r. cesarz bizantyjski zgodził się na uznanie zwierzchnictwa papieża. Chciał dzięki temu zapewnić sobie pomoc Europy w walce z Turkami osmańskimi.

Węgrzy przeciwko Turkom

W latach 1440-1443 wódz węgierski Jan Hunyady zadał Turkom poważne ciosy w Siedmiogrodzie i wyparł ich poza pasmo Bałkanów. W roku 1444 Węgrzy złamali rozejm z Turkami, licząc na ostateczne ich pokonanie, jednak wojska sułtana Murada II (1421-1451) pokonały rycerstwo europejskie w bitwie pod Warną na bułgarskim wybrzeżu Morza Czarnego.

Turcy w Konstantynopolu i na Bałkanach

W maju 1453 r. Turcy zdobyli Konstantynopol, skutecznie wykorzystując podczas szturmu ciężką artylerię. Przestało istnieć cesarstwo bizantyjskie – jest to również umowny koniec średniowiecza.

W r. 1456 klęskę wojskom tureckim zadał pod Belgradem Jan Hunyady, co wstrzymało napór turecki na Węgry na blisko siedemdziesiąt lat. W II połowie XV wieku Turcy podbili Bośnię i Albanię, zwierzchnictwo sułtana osmańskiego uznał hospodar wołoski (1462) i mołdawski (1487), a także chan krymski (1478).

Imperium osmańskie na przełomie XV i XVI wieku

Na przełomie XV i XVI wieku Turcy stworzyli imperium realnie zagrażające państwom włoskim (przede wszystkim Wenecji), południowo-wschodnim rubieżom cesarstwa niemieckiego, Węgrom i Polsce.

Turcja była państwem teokratycznym, w którym najwyższa władza religijna i świecka należała do sułtana. Słuchał on opinii diwanu (rady państwa), składającego się z najwyższych dostojników, lecz opinie te nie były dla niego wiążące. Bieżącą władzę wykonawczą sprawował w imieniu sułtana wezyr.

W imperium tureckim panowała tolerancja religijna wobec chrześcijan i Żydów, jako że zarówno chrześcijaństwo, jak i judaizm uważano – podobnie jak islam – za religie objawione. Jednocześnie oficjalną doktryną państwową była idea świętej wojny (dżihadu) przeciwko niewiernym, co było uzasadnieniem ekspansji terytorialnej.

Panowanie tureckie spowodowało postępującą islamizację ludności słowiańskiej na Bałkanach, szczególnie na obszarze Bośni i Bułgarii.

Społeczeństwo późnego średniowiecza

Kryzys rolnictwa

Bariera ekstensywnego rozwoju

Około r. 1300 rolnictwo Europy zachodniej osiągnęło granicę możliwości ekstensywnego rozwoju. Ziemia, która nadawała się do zagospodarowania, była już zagospodarowana – wykorzystywano nawet słabe gleby, dające mizerne plony. Dalszy wzrost produkcji można było osiągać tylko dzięki wprowadzaniu udoskonaleń technicznych. Przeludniona wieś stanęła przed barierą wydajności bardzo trudną do przekroczenia.

Zmiana klimatu

Czynnikiem, który dodatkowo wpłynął na kryzys w rolnictwie, była zmiana klimatu. O ile w XI i XII wieku klimat w Europie ocieplał się, o tyle na przełomie XIII i XIV wieku stał się on zimniejszy i wilgotniejszy. Wprawdzie średnia temperatura roczna spadła w tym okresie prawdopodobnie tylko o jeden stopień Celsjusza, ale to wystarczyło, by na przykład uprawa winorośli na Wyspach Brytyjskich stała się niemożliwa. Również uprawa zbóż w wielu rejonach północnych okazała się nieopłacalna, gdyż skrócił się tam okres wegetacji. Zniknęły wówczas osady wikingów na Grenlandii i na północy Skandynawii.

Przejawem zmiany klimatu były obfite opady deszczu i wywołane przez nie niszczycielskie powodzie. Kataklizm, który nawiedził w r. 1315 znaczne obszary północnozachodniej Europy, spowodował ogromne straty w rolnictwie i długotrwały głód. W północnej Italii wielka powódź miała miejsce w r. 1333, a w 1343 wielka fala zniszczyła port w Amalfi w południowych Włoszech.

Wielka epidemia dżumy

Pierwsze przypadki dżumy zanotowano w Europie w czerwcu 1347 roku w rejonie Adrianopola, w grudniu epidemia objęła Sycylię, Sardynię, Korsykę i rejon Marsylii. Do końca 1348 r. w zasięgu dżumy była już cała Italia, Francja, znaczna część Półwyspu Iberyjskiego, Bałkany, Dalmacja, Węgry, Austria oraz południe Anglii. Do końca 1349 r. epidemia rozszerzyła się na całość Wysp Brytyjskich, Niemcy, Danię i Norwegię, a w następnym roku na Szwecję oraz Pomorze. Poza zasięgiem dżumy pozostały jedynie tereny środkowowschodniej Europy: Królestwo Polskie, Litwa, Ruś.

Załamanie demograficzne i jego skutki

„Czarna śmierć" pociągnęła za sobą ogromne straty ludnościowe. Ocenia się, że od r. 1347 do końca wieku XIV populacja Europy zmniejszyła się – głównie z powodu epidemii, ale również w wyniku działań wojennych – o co najmniej połowę, a na niektórych obszarach Europy zachodniej nawet o dwie trzecie.

Takie gwałtowne załamanie demograficzne musiało wpłynąć na stan życia gospodarczego i społecznego. W wyniku gwałtownego zmniejszenia się popytu spadły ceny żywności, przede wszystkim zboża, i utrzymywały się na niskim poziomie przez cały XV wiek. Mieszkańcy miast mogli więc większą niż przedtem część swoich dochodów przeznaczać na zakup towarów dotąd względnie luksusowych, takich jak nabiał, mięso i wino. W efekcie na wielu obszarach, szczególnie tam, gdzie gleby nie były zbyt urodzajne, zamiast uprawiania zboża rolnicy zaczęli się specjalizować w hodowli bydła i trzody chlewnej, uprawie winorośli lub produkcji słodu do wyrobu piwa. Specjalizacja dotyczyła nie tylko poszczególnych rolników, ale i całych regionów – na przykład południowa Francja zasłynęła z produkcji wina, Szwecja z wyrobu masła, Anglia z hodowli owiec i warzenia piwa.

Innym ekonomicznym skutkiem epidemii dżumy był wzrost znaczenia ośrodków miejskich. Wynikało to z faktu, iż potrafiły one szybciej reagować na sytuację na rynku niż wielcy właściciele ziemscy. Miejscy przedsiębiorcy podnieśli się z kryzysu połowy XIV wieku znacznie sprawniej niż rolnictwo. Oferując korzystniejsze warunki pracy, przyczynili się do zwiększenia napływu ludności ze wsi do miast.

Rozwój miast

Wzrost popytu na towary luksusowe wpłynął na bogacenie się wielu miast, przede wszystkim w północnych Włoszech. Wenecja i Genua zarabiały głównie na imporcie wonnych korzeni ze Wschodu, Florencja i Mediolan na produkcji wyrobów z jedwabiu i lnu, Mediolan na produkcji broni. Natomiast w gorszej sytuacji znalazły się miasta we Flandrii, gdyż spadł popyt na wyrabiane przez nie sukno.

Efektem rozwoju handlu była ekspansja bankowości. Upowszechniły się ubezpieczenia inwestycji jako metoda na minimalizowanie ryzyka w działalności gospodarczej. Zaczęły powstawać międzynarodowe sieci bankowe dysponujące wieloma filiami – pierwszą była sieć stworzona przez florentyński ród Medyceuszy, działająca w latach 1397-1494. Miała ona filie w kilku miastach Italii oraz w Londynie, Brugii i Awinionie. Około r. 1400 wszedł do użycia czek bankowy – pisemne polecenie wypłaty gotówki.

Wprawdzie bezpośrednie skutki „czarnej śmierci" były przerażające, lecz długofalowe rezultaty były korzystne: w połowie XV wieku znacznie mniejsza populacja niż ta z r. 1300 cieszyła się wyższym średnim poziomem życia, a gospodarka osiągała wysokie tempo wzrostu.

Polska w późnym średniowieczu

Zjednoczenie Polski po rozbiciu dzielnicowym

Przemysł II Wielkopolski i Wacław II czeski

Przemysł II (1279-1296), mający w swym posiadaniu Wielkopolskę i władzę zwierzchnią nad Pomorzem Gdańskim (na mocy układu z miejscowym władcą Mściwojem II), w roku 1295 został koronowany na króla Polski w katedrze gnieźnieńskiej przez arcybiskupa Jakuba Świnkę. Użyto w tym celu insygniów królewskich, które Przemysł wywiózł z Wawelu – panował on w Małopolsce przez niecały rok, tracąc ją na rzecz króla czeskiego z dynastii Przemyślidów, Wacława II.

Przyczyny zabójstwa Przemysła II

Przemysł w r. 1296 został zamordowany w Rogoźnie pod Poznaniem przy próbie porwania przez Brandenburczyków. Napad ten wynikał z faktu, iż Brandenburgia obawiała się umocnienia pozycji Przemysława, gdyż mogłoby to zagrażać jej posiadłościom po wschodniej stronie Odry. Ponadto Brandenburczycy chcieli opanować Pomorze Gdańskie, a Przemysł stał na drodze tych planów. W r. 1287 w Sławnie Przemysł zawarł układ z Mściwojem II i księciem zachodniopomorskim Bogusławem IV, skierowany przeciwko marchii brandenburskiej. Siedem lat później Mściwoj II zmarł i książę wielkopolski objął bezpośrednie rządy nad Pomorzem Gdańskim. Prawdopodobnie porywając Przemysła, Brandenburczycy chcieli na nim wymóc zrzeczenie się praw do Pomorza.

Układ w Sieradzu

Władzę w Wielkopolsce objął po śmierci Przemysła II książę brzesko-kujawski Władysław Łokietek. Zadecydowała o tym wola rycerstwa wielkopolskiego, które powołało Łokietka w drodze elekcji. Początkowo Łokietek próbował przejąć władzę nad Małopolską, dwukrotnie wyprawiając się przeciwko siłom Wacława II, ale w obliczu niepowodzeń zawarł w r. 1297 z królem czeskim układ w Sieradzu, zrzekając się roszczeń do Małopolski w zamian za rekompensatę w wysokości 5 tys. grzywien srebra.

Łokietek szybko zraził sobie Wielkopolan represyjnymi rządami. Wybuchł bunt, w wyniku którego Łokietek został wypędzony z Wielkopolski, a władzę po nim przejął Wacław II. W ten sposób pod panowaniem czeskiego monarchy znalazły się dwie najważniejsze dzielnice, Małopolska i Wielkopolska, był on także popierany przez książąt śląskich.

Wacław II królem Polski

Wacław II ożenił się z córką Przemysła II, Ryksą, i uznał się od tego momentu za uprawnionego do posiadania korony polskiej po Przemyśle. Koronacja Wacława II na króla Polski odbyła się w r. 1300 w Gnieźnie, przeprowadził ją arcybiskup Jakub Świnka, łamiąc zasadę, iż do korony Polski mają prawo tylko przedstawiciele dynastii Piastów. Jednak nowy władca stale przebywał w Pradze, a rządy w Polsce sprawowali w jego imieniu przybyli z Czech starostowie. Obsadzanie tych urzędów cudzoziemcami – Czechami bądź Niemcami – budziło z czasem coraz większe niezadowolenie wśród polskich możnowładców i rycerstwa, spotykało się natomiast z pozytywnym przyjęciem wśród niemieckiego mieszczaństwa.

Panowanie Władysława Łokietka

Sojusz z Węgrami

Wygnany z Polski w r. 1300 przez Wacława II, Władysław Łokietek udał się do Rzymu, by uzyskać poparcie papieża Bonifacego VIII. W drodze powrotnej zatrzymał się na Węgrzech, zabiegając z kolei o pomoc ze strony węgierskich możnowładców.

Węgry przeżywały wówczas kryzys wewnętrzny. W roku 1301 zmarł bezpotomnie król Andrzej III, ostatni władca z dynastii Arpadów. Wykorzystując tę sytuację, Wacław II osadził na tronie węgierskim swojego syna Wacława III. Spotkało się to z dezaprobatą nie tylko ze strony większości miejscowych możnych, ale także papiestwa i Francji. Następca papieża Bonifacego VIII, Benedykt XI, popierał wysuniętą przez francuskiego króla Filipa IV Pięknego kandydaturę Karola Roberta z neapolitańskiej linii dynastii Andegawenów. Również Habsburgowie poparli tego kandydata i król Niemiec z tej dynastii, Albrecht, zaatakował Czechy. W obliczu tak silnej koalicji przeciwnej rządom Przemyślidów na Węgrzech, Wacław II wycofał kandydaturę swego syna.

Spór o tron węgierski trwał aż do r. 1310, kiedy to ostatecznie korona św. Stefana spoczęła na głowie Karola Roberta. Gdy jednak Władysław Łokietek odwiedził Węgry w r. 1304, stronnictwo andegaweńskie już dominowało wśród węgierskiej elity, dlatego też polski banita otrzymał wsparcie i mógł wrócić do Małopolski z oddziałem madziarskich rycerzy. Zaczął się wówczas kształtować sojusz polsko-węgierski, którego spoiwem był wspólny wróg – dynastia Przemyślidów. Po powrocie do Polski Łokietek przystąpił do odzyskiwania władzy.

Opanowanie Małopolski i Pomorza Gdańskiego

W r. 1304 Łokietek opanował ziemię sandomierską, którą uczynił swoją bazą. Jego głównym grodem była wtedy Wiślica. Szybko uzyskał poparcie małopolskiego rycerstwa, natomiast jego głównym przeciwnikiem stał się biskup krakowski Jan Muskata, pełniący z nadania Wacława II funkcję starosty małopolskiego.

Śmierć Wacława II w r. 1305 umożliwiła Łokietkowi opanowanie w ciągu roku ziemi krakowskiej. Syn Wacława II, Wacław III (1305-1306) nie uzyskał aprobaty dla swych rządów ze strony miejscowego możnowładztwa. Pod koniec 1306 r. oddziały wierne Łokietkowi zajęły Kraków, jego władzę uznał biskup Jan Muskata. W tym samym czasie lojalność wobec Łokietka zadeklarowało Pomorze Gdańskie.

Utrata Pomorza Gdańskiego

W r. 1307 rozpoczął się konflikt księcia krakowskiego z rodem Święców, mających wielkie wpływy na Pomorzu Gdańskim. Przyczyną konfliktu było obsadzanie przez Łokietka urzędów na Pomorzu ludźmi mu wiernymi, nie związanymi z miejscowym możnowładztwem. Święcowie porozumieli się z margrabią brandenburskim Waldemarem i złożyli mu hołd, otrzymując od niego w lenno Darłowo, Sławno, Tucholę i ziemię słupską. Zaapelowali także do Waldemara o zajęcie Pomorza Gdańskiego.

W roku 1308 Brandenburczycy wkroczyli na Pomorze Gdańskie, powołując się na układ z Wacławem III, który oddał Pomorze Brandenburgii w zamian za Miśnię. Sędzia Bogusza, zarządzający grodem gdańskim, na polecenie Łokietka wezwał na pomoc krzyżaków. Odbili oni Gdańsk z rąk Brandenburczyków, jednak nie zwrócili go Polakom, lecz rozpoczęli systematyczny podbój Pomorza Gdańskiego, zakończony w r. 1309. W ten sposób Polska została odepchnięta od Bałtyku na półtora wieku.

Konflikt Łokietka z biskupem Muskatą

W Małopolsce Łokietek wszedł w roku 1308 w ostry konflikt z biskupem krakowskim Muskatą, zniemczonym Czechem, politycznie związanym z dynastią luksemburską, a kulturowo z niemieckim mieszczaństwem Krakowa. Łokietek dążąc do osłabienia pozycji Muskaty, zaczął mu odbierać dobra nadane przez Wacława II i zdobywać po kolei jego zamki. W końcu 1308 r. biskup został uwięziony, jednak w wyniku interwencji papieża Klemensa V Łokietek uwolnił go w 1309, Muskata musiał jednak udać się na banicję. Wyjechał na Śląsk, z którego wrócił dopiero w roku 1317, pozbawiony już wpływów politycznych.

Bunt wójta Alberta

W r. 1311 przeciwko Łokietkowi wybuchł bunt mieszczan krakowskich, do którego przyłączyli się mieszczanie Bochni, Sandomierza i Wieliczki. Buntownicy, którym przewodził wójt Albert, opowiedzieli się za przyłączeniem Małopolski do Królestwa Czeskiego, którego władcą został po śmierci Wacława III Jan Luksemburski. Luksemburgowie mieli opinię dynastii doceniającej znaczenie mieszczaństwa, poza tym z punktu widzenia interesów ekonomicznych związek z wyżej rozwiniętymi Czechami wydawał się niemieckiemu mieszczaństwu Krakowa korzystniejszy niż przynależność do państwa Łokietka. Jan Luksemburski przysłał do Krakowa w charakterze swojego namiestnika księcia opolskiego Bolka – próbował on zdobyć Wawel broniony przez siły wierne Łokietkowi, jednak poniósł klęskę.

Po wycofaniu się księcia Bolka, z którym wyjechał do Opola wójt Albert (prawdopodobnie przez księcia aresztowany z powodu dążenia do porozumienia z władcą krakowskim), Łokietek zarządził szturm miasta, zdobył je i zastosował surowe represje wobec uczestników buntu. By zidentyfikować Niemców, ludzie Łokietka kazali powtarzać schwytanym buntownikom ciąg słów: soczewica, koło, miele, młyn. Ci, którzy nie potrafili bezbłędnie wymówić tych słów, byli zabijani. Zastosowano więc wobec Niemców zasadę odpowiedzialności zbiorowej, nie wnikając w rzeczywisty rozmiar winy.

Po buncie wójta Alberta Łokietek ograniczył uprawnienia samorządu krakowskiego i nakazał zastąpić język niemiecki łaciną w księgach miejskich.

Przyłączenie Wielkopolski

W r. 1312 rycerstwo wielkopolskie pod przywództwem wojewody poznańskiego Dobrogosta z Dzwonowa zbuntowało się przeciwko rządom synów Henryka Głogowskiego, którzy podzielili między siebie Wielkopolskę. Wielkopolanie na zwołanym przez wojewodę zjeździe wybrali na swojego władcę Łokietka. Siły panującego w Poznaniu Henryka II zostały rozgromione w bitwie pod Kleckiem. Za Henrykiem II opowiedzieli się natomiast mieszczanie poznańscy pod wodzą wójta Przemka, w końcu 1313 r. Poznań został jednak zdobyty przez rycerzy wielkopolskich. Na początku 1314 r. Łokietek objął władzę w tej dzielnicy, jednocząc ją z Małopolską.

Koronacja Łokietka

W r. 1319 Władysław Łokietek zawarł formalne przymierze z królem Węgier Karolem Robertem Andegaweńskim, wymierzone przede wszystkim przeciw Luksemburgom. Zostało ono potwierdzone w r. 1320 małżeństwem Karola Roberta z córką polskiego władcy Elżbietą.

20 stycznia 1320 r. w katedrze krakowskiej odbyła się koronacja Władysława Łokietka – koronę włożył mu arcybiskup gnieźnieński Janisław. Wawel stał się odtąd miej-

scem koronacji królów polskich. Odbyciu koronacji sprzyjała wojna domowa w Niemczech, gdzie w r. 1314 wybrano dwóch królów: Fryderyka Habsburga i Ludwika Wittelsbacha. Łokietek poparł Habsburga, znalazłszy się w jednym obozie z papieżem Janem XXII, podczas gdy zgłaszający pretensje do korony polskiej Jan Luksemburski znalazł się w obozie przeciwnym, razem z krzyżakami i margrabią brandenburskim Waldemarem.

I sąd papieski

Starając się o odzyskanie Pomorza Gdańskiego, Łokietek doprowadził do powołania przez papieża sądu, który miał rozstrzygnąć spór polsko-krzyżacki. Sąd papieski zebrał się w roku 1320 w Inowrocławiu na Kujawach, jego obradom przewodniczył arcybiskup gnieźnieński Janisław, w składzie sędziowskim znaleźli się także biskup poznański Domarat i opat mogileński Mikołaj. Wydany w lutym 1321 roku wyrok był korzystny dla Polski: krzyżacy mieli zwrócić Pomorze Gdańskie i zapłacić odszkodowanie w wysokości 30 tys. grzywien srebra oraz pokryć koszty procesu. Zakon od razu złożył apelację od wyroku, zarzucając sędziom stronniczość. W wyniku tej apelacji krzyżakom udało się doprowadzić do anulowania wyroku sądu inowrocławskiego.

Sojusz z Litwą

W roku 1325 Łokietek zawarł sojusz z wielkim księciem litewskim Giedyminem, wymierzony głównie przeciwko krzyżakom. Syn Łokietka Kazimierz został wówczas ożeniony z córką Giedymina Aldoną, która na chrzcie przyjęła imię Anna. W 1326 wyprawa polsko-litewska spustoszyła ziemie Brandenburgii. Wprawdzie Polsce udało się wtedy odzyskać kasztelanię międzyrzecką, ale wrogowie króla Polski oskarżyli go o niszczenie wspólnie z poganami ziem chrześcijańskich, co było umiejętnie wykorzystywane przez propagandę krzyżacką.

Wojna polsko-krzyżacka 1327-1332

W roku 1327 wybuchła wojna Polski z zakonem krzyżackim. Zaczęła się od tego, że Łokietek zaatakował księstwo płockie, chcąc je sobie podporządkować, a jego władca książę Wacław zwrócił się o pomoc do krzyżaków. Do konfliktu włączył się także po stronie Krzyżaków Jan Luksemburski. W rezultacie trwających do roku 1332 walk krzyżacy zajęli Kujawy i ziemię dobrzyńską. W roku 1331 miała miejsce wygrana przez Łokietka bitwa pod Płowcami. Podczas trwania tej wojny Janowi Luksemburskiemu udało się zhołdować Śląsk i księstwa mazowieckie.

Panowanie Kazimierza III Wielkiego

Zjazd w Wyszehradzie

Najważniejszą kwestią na początku panowania Kazimierza było załagodzenie konfliktu z Janem Luksemburskim, ciągle zgłaszającym pretensje do tronu polskiego po Przemyślidach, oraz doprowadzenie do korzystnego dla Polski rozstrzygnięcia sprawy przynależności Pomorza Gdańskiego. Kazimierz myślał także o odzyskaniu dwóch dzielnic – Śląska i Mazowsza – które należały do dziedzictwa piastowskiego, lecz nie znalazły się w granicach państwa zjednoczonego przez Łokietka.

Kwestie te podjęto podczas spotkania Kazimierza i Jana Luksemburskiego z Karolem Robertem jako gospodarzem w Wyszehradzie w roku 1335.

Kwestia praw do tronu polskiego

Dzięki mediacji monarchy węgierskiego Jan Luksemburski w zamian za 20 tys. kop groszy praskich zrezygnował z roszczeń do korony polskiej i zrzekł się tytułu króla Polski.

Kazimierz zgodził się, że tron w Polsce przejdzie w ręce syna Karola Roberta, Ludwika Andegaweńskiego, w przypadku bezpotomnej śmierci władcy polskiego.

Plan rozwiązania sporu polsko-krzyżackiego

Karol Robert i Jan Luksemburski przedstawili plan rozwiązania konfliktu polsko-krzyżackiego: państwo zakonne miało oddać Polsce Kujawy i ziemię dobrzyńską (a więc tereny opanowane podczas wojny w latach 1327-1332), a zachować Pomorze Gdańskie i ziemię chełmińską, przy czym Pomorze Gdańskie mieli krzyżacy zatrzymać jako darowiznę króla polskiego. Kazimierz początkowo zaakceptował ten plan, później jednak zwlekał z jego ratyfikacją, czekając na wyrok sądu papieskiego.

Rozstrzygnięcie sporu z krzyżakami

II sąd papieski

W r. 1339 zebrał się w Warszawie sąd papieski, który w ciągu siedmiu miesięcy przesłuchał 126 osób. Wydany wyrok był korzystny dla Polski: zobowiązywał krzyżaków do zwrotu Pomorza Gdańskiego, Kujaw i ziemi dobrzyńskiej. I tym razem zakon krzyżacki złożył do papieża apelację od wyroku. Papież Benedykt XII dopatrzył się uchybień formalnych i wyroku nie zatwierdził.

Kompromis kaliski 1343

Wobec niechęci papiestwa do korzystnego dla Polski rozstrzygnięcia konfliktu polsko-krzyżackiego, Kazimierz zaakceptował rozwiązanie kompromisowe: Kujawy i ziemia dobrzyńska zostaną zwrócone Polsce, natomiast Pomorze Gdańskie i ziemia chełmińska pozostaną pod panowaniem krzyżaków.

Negocjacje pokojowe sfinalizowano w Kaliszu w lipcu 1343 roku, natomiast uroczysta wymiana dokumentów ratyfikacyjnych miała miejsce w Wierzbiczanach koło Inowrocławia. W r. 1349 przeprowadzono delimitację granicy między Polską a państwem krzyżackim.

Podbój Rusi Halicko-Włodzimierskiej

Panowanie na Rusi Halickiej Bolesława Trojdenowicza

Na Rusi Halickiej po wymarciu miejscowej linii dynastii Rurykowiczów władzę objął w r. 1323 dzięki protekcji Władysława Łokietka książę mazowiecki Bolesław Trojdenowicz. Swoje prawo do tronu halickiego uzasadniał tym, iż jego matka Maria była córką księcia halickiego Jerzego I. Po przybyciu do Halicza Bolesław Trojdenowicz przeszedł na prawosławie i przyjął imię Jerzego II.

W r. 1338 Jerzy II zawarł z Kazimierzem Wielkim układ przewidujący, iż król polski obejmie panowanie na Rusi Halickiej w przypadku bezpotomnej śmierci księcia halickiego. W r. 1340 Jerzy II zmarł w wyniku otrucia, nie pozostawiając po sobie potomka.

Wyprawy na Ruś w 1340 i 1349

W tej sytuacji Kazimierz postanowił zająć Ruś Halicką zbrojnie, tym bardziej że do tego obszaru zgłaszało także pretensje Wielkie Księstwo Litewskie, mające ambicje jednoczenia ziem ruskich (Węgrzy pretensji wówczas nie zgłaszali, zadowalając się perspektywą tronu polskiego dla Ludwika Andegaweńskiego).

Pierwsza wyprawa miała miejsce w kwietniu 1340 r. – wojska polskie zajęły wtedy Lwów. Następna wyprawa, wzmocniona posiłkami węgierskimi, ruszyła już w czerwcu 1340 r. – tym razem został zajęty cały obszar księstwa. Kazimierz Wielki mianował swym namiestnikiem ruskiego możnowładcę Dymitra Detko.

Opanowanie Rusi Halickiej spowodowało konflikt z Tatarami: w roku 1341 ich oddziały zaatakowały Lubelszczyznę, dochodząc do linii Wisły. W tym samym roku książę litewski Lubart oderwał od Rusi Halickiej Wołyń.

W r. 1349 Kazimierz ponownie wyprawił się na Ruś, pokonując księcia Lubarta i odbierając mu Wołyń z miastem Włodzimierzem. Lubart otrzymał jako rekompensatę Łuck, gdzie miał panować pod zwierzchnictwem polskim.

W latach 1350-1355 toczyły się walki polsko-litewskie o Ruś Halicką. Zakończyły się one uznaniem przez Litwinów polskiego stanu posiadania. Opanowanie Rusi Halickiej oznaczało zapoczątkowanie nowego, wschodniego kierunku ekspansji państwa polskiego i zmniejszenie zainteresowania kierunkiem północnym i zachodnim. W ekspan-

się na wschód zaangażowało się przede wszystkim możnowładztwo małopolskie.

Problem Śląska i Mazowsza

W roku 1351 książęta mazowieccy uznali się lennikami
króla Polski. Uczynili to wobec wzrastającego zagrożenia
Mazowsza ze strony Litwy, gdzie władzę wielkiego księcia
sprawował Olgierd, syn Giedymina.

Kazimierz Wielki uznał w r. 1356 przynależność Śląska
do Czech, w zamian za to nowy władca czeski Karol IV
Luksemburski zrzekł się praw do Mazowsza, które podczas
wojny polsko-krzyżackiej w latach 1327-1332 zostało zhoł-
dowane przez Jana Luksemburskiego.

Polityka wewnętrzna

Popieranie rozwoju miast i handlu

Kazimierz Wielki prowadził szeroko zakrojoną akcję kolonizacyjną – przyczynił się w ten sposób do znacznego po-
większenia obszaru ziemi uprawnej, założył około stu
miast.

Dążąc do zwiększenia wpływów do skarbca oraz rozwoju handlu, wprowadził przymus drożny (obcy kupcy mogli
się poruszać po Polsce tylko wyznaczonymi szlakami, na
których znajdowały się komory celne, z czego władca czerpał znaczne dochody) i prawo składu (w miastach posiadających to prawo obcy kupcy mieli obowiązek wystawiania
swoich towarów na sprzedaż, co było źródłem zysków dla
tych miast).

Murowane fortyfikacje

Kazimierz Wielki zbudował system murowanych zamków
obronnych – według różnych szacunków w okresie jego
panowania powstało od 35 do 50 zamków, między innymi

w Czorsztynie, Szydłowcu, Będzinie. Stąd wzięło się powiedzenie, że król *zastał Polskę drewnianą, a zostawił murowaną* (przed nim większość fortyfikacji miało charakter drewniano-ziemny).

Kodyfikacja prawa

Z jego inicjatywy została przeprowadzona kodyfikacja prawa zwyczajowego: najpierw w Piotrkowie Kazimierz ogłosił statut dla Wielkopolski, później w Wiślicy dla Małopolski. Statut małopolski stał się podstawą kształtowania prawodawstwa ogólnopolskiego.

Założenie Uniwersytetu Krakowskiego

W r. 1364 Kazimierz ufundował Uniwersytet Krakowski, który był drugą w tej części Europy – po Uniwersytecie Praski, założonym w r. 1348 – wszechnicą wiedzy. W uczelni krakowskiej dominowały studia prawnicze (aż osiem katedr prawa), nauczano także medycyny (dwie katedry) i sztuk wyzwolonych (jedna katedra).

Panowanie w Polsce Ludwika Andegaweńskiego

Miejsce Polski w polityce Ludwika

Ludwik Andegaweński zasłużył w swej ojczyźnie na przydomek Wielki, gdyż uczynił z Królestwa Węgierskiego potęgę regionalną, rozciągając jego terytorium aż po Dalmację, podporządkowując sobie Bośnię, Serbię, Mołdawię, Wołoszczyznę i część Bułgarii oraz prowadząc aktywną politykę we Włoszech. Królestwo Polskie traktował natomiast jako peryferie swego władztwa, o czym świadczy chociażby fakt, iż w Krakowie przebywał bardzo rzadko, a w jego imieniu regencję w Polsce sprawowała jego matka, Elżbieta Łokietkówna.

Traktat budziński
Sprawa sukcesji andegaweńskiej w Polsce została ostatecznie sprecyzowana w traktacie budzińskim z r. 1355. Przewidywał on dziedziczenie tronu polskiego przez przedstawicieli męskiej linii Andegawenów, Ludwika i jego bratanka Jana, w przypadku gdyby Kazimierz Wielki nie pozostawił po sobie męskiego potomka. W chwili śmierci Kazimierza już tylko Ludwik miał prawo do sukcesji, gdyż Jan zmarł kilka lat wcześniej.

Sprawa Kaźka słupskiego
W r. 1368 Kazimierz Wielki adoptował swego wnuka Kaźka słupskiego, zapisując mu w testamencie Kujawy, ziemie dobrzyńską, sieradzką, łęczycką oraz grody w Kruszwicy, Bydgoszczy, Złotowie i Wałczu. Celem tego zapisu było umożliwienie Kaźkowi w przyszłości, po śmierci Ludwika, przejęcie tronu polskiego. Ludwik zaraz po koronacji w Krakowie zmienił jednak testament, zabierając Kaźkowi zapisane mu ziemie z wyjątkiem ziemi dobrzyńskiej i czte-

rech grodów. Zniwelował w ten sposób ambicje polityczne księcia słupskiego.

Przywilej koszycki

Zabiegi króla w kwestii sukcesji tronu w Polsce

W r. 1374, gdy na forum publicznym stanęła kwestia sukcesji w Polsce, Ludwik Andegaweński miał trzy córki – Katarzynę, Marię i Jadwigę – i żadnego męskiego potomka. Tymczasem układ budziński z r. 1355 przyznał prawo sukcesji tylko linii męskiej Andegawenów. W tej sytuacji władca węgierski musiał pozyskać polskich możnowładców i rycerstwo dla idei zapewnienia tronu krakowskiego jednej z jego córek. Służyć miała temu akcja restytucyjna, polegająca na zwrocie majątków skonfiskowanych przez Kazimierza Wielkiego z powodu braku prawnych dowodów ich nabycia.

Z kolei chcąc pozyskać mieszczan, Ludwik nadawał przywileje – zwolnienie od ceł i prawo składu – kolejnym miastom: między innymi Krakowowi, Poznaniowi, Kaliszowi, Lublinowi, Sandomierzowi. Kraków uzyskał w roku 1372 prawo bezwzględnego składu, co w praktyce dawało temu miastu monopol na pośrednictwo w handlu między Węgrami a wybrzeżem Bałtyku.

Sukcesja dla jednej z córek napotkała jednak na duży opór szczególnie wśród szlachty wielkopolskiej i nieco mniejszy wśród małopolskiej. Ta ostatnia gotowa była zaakceptować plan króla w zamian za jego ustępstwa na rzecz stanu szlacheckiego.

Postanowienia przywileju koszyckiego

Porozumienie osiągnięto we wrześniu 1374 r. w Koszycach – tekst dokumentu, nazwanego później przywilejem koszyckim, zredagował możnowładca małopolski Zawisza z Kurozwęk. Dokument ustalał, że po śmierci Ludwika tron

191

polski w przypadku braku męskiego potomka obejmie jedna z jego córek – przy czym nie sprecyzowano, która z nich. Jednocześnie szlachta uzyskiwała następujące ustępstwa ze strony władcy:

- podatek poradlny, płacony od każdego łanu chłopskiego, został zmniejszony do 2 groszy (z 12 groszy płaconych za Kazimierza Wielkiego),
- szlachtę król zwalniał po wsze czasy z wszystkich innych podatków na rzecz państwa,
- szlachta miała otrzymywać zwrot kosztów udziału w wyprawach poza granice kraju – w wysokości 5 grzywien od kopii, król miał także obowiązek wypłacenia odszkodowań poszkodowanym lub wziętym do niewoli,
- szlachta została zwolniona z obowiązku budowy i utrzymania zamków warownych,
- urzędy król zobowiązał się obsadzać tylko krajowcami – cudzoziemcy zostali wykluczeni od sprawowania funkcji państwowych,
- król obiecał, iż nie będzie oddawać polskich terytoriów w lenno,
- rezygnował z prawa do stacji, czyli zatrzymywania się w dobrach szlacheckich na koszt gospodarza.

Znaczenie i skutki przywileju koszyckiego

Przywilej koszycki nie zawierał postanowień jednostkowych, lecz przepisy odnoszące się do szlachty jako całości, dlatego został uznany za pierwszy przywilej generalny w historii Polski.

W dniu ogłoszenia przywileju koszyckiego przedstawiciele polskiego możnowładztwa złożyli hołd Katarzynie, co świadczy o tym, iż ją uważano za następczynię Ludwika.

Katarzyna zmarła jednak w r. 1378 i od tej pory Maria była brana pod uwagę jako sukcesorka węgierskiego monarchy.

Uzupełnieniem przywileju koszyckiego był przywilej dla duchowieństwa polskiego z r. 1381. Duchowieństwo świeckie zostało zwolnione z wszelkich podatków z wyjątkiem poradlnego w wysokości 2 groszy z łanu, natomiast majątki klasztorne musiały płacić 4 grosze z łanu.

Sprawa Rusi Halickiej

W r. 1372 namiestnikiem Rusi Halickiej został mianowany przez króla Ludwika książę Władysław Opolczyk, spokrewniony z Andegawenami. Posunięcie to zmierzało do ściślejszego powiązania Rusi z Węgrami (władcy węgierscy już od XIII wieku używali tytułu *rex Galitiae et Lodomeriae – król Rusi Halickiej i Włodzimierskiej*).

Władysław popierał akcję kolonizacyjną na Rusi, w której uczestniczyli osadnicy polscy i niemieccy. W r. 1375 doprowadził do założenia arcybiskupstwa katolickiego w Haliczu, którego pierwszym arcybiskupem został kanonik Maciej z Egeru na Węgrzech. Powstały także biskupstwa w Przemyślu, Chełmie i Włodzimierzu Wołyńskim.

W r. 1377 Ludwik oddał Ruś Halicką w zarząd węgierskich starostów. Podkreślił w ten sposób roszczenia węgierskie do tej krainy, choć formalnie nie oderwał Rusi od Królestwa Polskiego.

Jadwiga Andegaweńska i unia z Litwą

Bezkrólewie 1382-1384

Po śmierci Ludwika Andegaweńskiego we wrześniu 1382 roku wydawało się, że władzę w Polsce obejmie jego córka Maria ze swym przyszłym mężem (stosowny kontrakt podpisano w r. 1373) Zygmuntem Luksemburskim. Jednak to właśnie osoba Zygmunta, pochodzącego z niemieckiej dynastii niecieszącej się w Polsce dobrą opinią wśród możnowładztwa i szlachty, zadecydowała o załamaniu się szans Marii i wzroście szans Jadwigi, która miała w chwili śmierci Ludwika prawdopodobnie osiem lat.

Pertraktacje prowadzone były przez panów małopolskich z Elżbietą Bośniaczką, wdową po Ludwiku. Nie chciała się ona początkowo zgodzić na wyjazd Jadwigi do Polski, dopiero ultimatum postawione na zjeździe szlachty małopolskiej i wielkopolskiej w Radomsku w marcu 1384 roku zmusiło ją do zmiany zdania. Szlachta zagroziła cofnięciem zobowiązań wobec córek Ludwika i wyborem innego władcy. W tej sytuacji dziesięcioletnia Jadwiga przybyła do Krakowa i 16 października 1384 r. odbyła się jej koronacja.

Kwestia małżeństwa Jadwigi

Problem małżeństwa z Wilhelmem Habsburgiem

W myśl umowy z r. 1378 czteroletnią wówczas Jadwigę przeznaczono na żonę dla o cztery lata starszego księcia austriackiego Wilhelma Habsburga. Odbyła się wtedy uroczystość ślubna, określana w prawie kanonicznym jako *sponsalia de futuro*. Oznaczało to, że małżeństwo miało być dopełnione w sensie fizycznym, gdy oboje osiągną tak zwany wiek sprawny, który w średniowieczu dla kobiet wynosił

12 lat, a dla mężczyzn 14 lat, i gdy oboje wyrażą na to zgodę.

W sierpniu 1385 r. do Krakowa przybył książę Wilhelm. Chciał on prawdopodobnie skorzystać z wykładni św. Tomasza, iż spełnienie małżeństwa może być dokonane najwcześniej na sześć miesięcy przed osiągnięciem przez narzeczoną wieku sprawnego. Popierany był w swym dążeniu zarówno przez Habsburgów, jak i Elżbietę Bośniaczkę.

Plan małżeństwa z Jagiełłą

Panowie małopolscy nie dopuścili jednak do spotkania Wilhelma z Jadwigą, gdyż mogłoby ono zaprzepaścić toczone już pertraktacje na temat małżeństwa polskiej królowej z wielkim księciem litewskim Jagiełłą oraz unii polsko-litewskiej.

Litwa przed unią z Polską

Panowanie Mendoga

Twórcą zjednoczonej Litwy był książę Mendog, który około 1240 roku zjednoczył pięć litewskich państewek plemiennych. W roku 1251, by usunąć niebezpieczeństwo podboju Litwy przez zakon krzyżacki, zawarł z Krzyżakami układ i przyjął z ich rąk chrzest. Papież Innocenty IV, liczący na chrystianizację całej Litwy, obdarzył Mendoga koroną królewską w r. 1253.

Mendog rozpoczął ekspansję litewską na ziemie Rusi. W roku 1260 poddali mu się Żmudzini za cenę zerwania przez Litwę sojuszu z Krzyżakami. Mendog uczynił to, zaprzestając także akcji chrystianizacyjnej. W r. 1263 został zamordowany przez księcia Daumantasa za zhańbienie jego żony.

Panowanie Giedymina

Po okresie rozpadu państwa i walk wewnętrznych do odrodzenia potęgi Litwy doprowadził książę Giedymin (1315-1341), podbijając ziemie ruskie aż po Smoleńszczyznę i południowe Polesie. Wielkie Księstwo Litewskie za jego panowania zachowało pogański charakter, lecz coraz silniejsze w nim były wpływy kultury ruskiej. Giedymin powołał prawosławną metropolię litewską, która miała wyprzeć wpływy metropolii moskiewskiej na ziemiach ruskich. Za jego panowania powstały w Wilnie dwa kościoły katolickie – franciszkański i dominikański – oraz w Nowogródku kościół franciszkański.

Następcy Giedymina

Po Giedyminie władzę przejęło siedmiu jego synów, lecz ostatecznie Litwę podzieliło między siebie dwóch: Olgierd i Kiejstut. Pierwszy z nich zapewnił sobie tytuł wielkoksiążęcy i koncentrował się na walce o nowe tereny ruskie, drugi zaś był zwolennikiem nieustępliwej walki z Krzyżakami.

Olgierd podbił w wyniku walk z Tatarami Wołyń, Podole, Kijowszczyznę i ziemie zadnieprzańskie, w latach 1368-1372 trzykrotnie wyprawił się na Moskwę. W roku 1377 po śmierci Olgierda władzę wielkoksiążęcą przejął jego najstarszy syn, wówczas 26-letni Jagiełło.

Unia w Krewie – sierpień 1385

Przyczyny zawarcia unii

Główną przyczyną skłaniającą Polskę i Litwę do związku politycznego było wspólne zagrożenie krzyżackie. Litwini byli także zainteresowani przyjęciem chrztu za pośrednictwem Polski, co z jednej strony wytrąciłoby Krzyżakom argumentację, iż walczą z poganami, z drugiej zaś zapobiegło roztopieniu się litewskiej elity w prawosławnej kulturze ruskiej. Ponadto zarówno Litwa, jak i Polska były zainteresowane dalszą ekspansją na ziemie ruskie.

Postanowienia unii krewskiej i objęcie tronu polskiego przez Jagiełłę

W zamian za koronę polską i małżeństwo z Jadwigą Jagiełło zobowiązał się przyjąć chrzest z całym ludem litewskim
i przyłączyć (*applicare*) Litwę do Polski. Zobowiązał się
także odzyskać ziemie utracone przez Królestwo Polskie
i Wielkie Księstwo Litewskie oraz uwolnić jeńców polskich
przebywających w litewskiej niewoli.

Unia w Krewie była z prawnego punktu widzenia jednostronnym zobowiązaniem Jagiełły. Jego konsekwencją było
wystawienie przez stronę polską w Wołkowysku w styczniu
1386 r. aktu preelekcji, zawierającego zobowiązanie oddania Jagielle tronu polskiego oraz Jadwigi za małżonkę.
W lutym 1386 r. na zjeździe szlachty w Lublinie dokonano
wyboru Jagiełły na tron polski. Następnie w Krakowie Jagiełło został ochrzczony wraz ze swoimi braćmi i krewnymi
– na chrzcie Jagiełło przyjął imię Władysław. 18 lutego
1386 r. odbył się ślub Jagiełły i Jadwigi, a 4 marca miała
miejsce koronacja Władysława II.

Władysław II Jagiełło i wojna z Krzyżakami

Stosunki polsko-litewskie po unii krewskiej

Jagiełło oraz polscy wielmoże interpretowali unię w Krewie jako akt inkorporacji Litwy do Królestwa Polskiego. Urzędy w Wielkim Księstwie Litewskim zaczęto obsadzać Polakami, co musiało budzić niezadowolenie wśród Litwinów.

Chrystianizacja Litwy

W lutym 1387 r. Władysław Jagiełło wydał przywilej dla nowo utworzonego biskupstwa wileńskiego, przekazując mu posiadłości obejmujące ponad 50 wsi. Na czele diecezji, która weszła w skład metropolii gnieźnieńskiej, stanął Polak, Andrzej herbu Jastrzębiec.

Król dokonał objazdu Litwy, podczas którego przeprowadzano zbiorowe chrzty ludności, a jednocześnie wycinano święte gaje i niszczono wszelkie symbole kultu pogańskiego. Bojarzy litewscy, którzy przyjęli chrześcijaństwo w obrządku rzymskim, otrzymali przywilej królewski gwarantujący im dziedziczne posiadanie dóbr, prawo decydowania o zamążpójściu córek (do tej pory była to kompetencja księcia) oraz częściowe zwolnienie od obciążeń na rzecz państwa. Był to pierwszy krok w kierunku zrównania bojarów w prawach ze szlachtą polską. Nie zostali nim objęci bojarzy wyznania prawosławnego.

Ambicje polityczne Witolda i jego sojusz z Krzyżakami

Możnowładztwo litewskie chciało jednak zachowania tożsamości Litwy i jej samodzielności w stosunkach z Polską. Wyrazicielem tej postawy stał się stryjeczny brat Jagiełły (syn Kiejstuta) książę Witold.

Od Jagiełły Witold otrzymał we władanie Grodzieńszczyznę, jego ambicje sięgały jednak znacznie dalej: chciał odzyskać Troki, które niegdyś były siedzibą jego ojca Kiejstuta, domagał się również Wołynia. Widział siebie nie jako lennika, lecz partnera Jagiełły. Ponieważ król nie chciał zaspokoić jego ambicji, Witold uciekł na przełomie r. 1389 i 1390 do Krzyżaków i zawarł z nimi porozumienie: zobowiązał się oddać im Żmudź i Grodno.

Dowiedziawszy się o tych planach, Władysław Jagiełło zajął wiosną 1390 Grodno, obsadzone już przez załogę krzyżacką, Żmudź przeszła natomiast w posiadanie zakonu. Latem 1390 Witold z Krzyżakami zaatakował Wilno — w czasie walk o miasto zginęły tysiące mieszkańców, ale zamków wileńskich najeźdźcy nie zdobyli i musieli się wycofać. Rok później Witold dzięki pomocy krzyżackiej opanował Grodno i Troki.

Ugoda w Ostrowie

Jagiełło, chcąc rozerwać sojusz między Witoldem a Krzyżakami, zaproponował mu spełnienie jego dotychczasowych żądań. W wyniku tajnych negocjacji w sierpniu 1392 roku podpisano ugodę w Ostrowie, na mocy której Witold otrzymał nie tylko całe księstwo trockie, ale i rządy namiestnicze na Litwie. Nie został formalnie wielkim księciem litewskim, ale tytułował się od tej pory *dux Lithuaniae* i miał dużą autonomię.

Krzyżacy, mszcząc się na Witoldzie za zerwanie sojuszu, sześciokrotnie w latach 1392-1394 najeżdżali Litwę, w latach następnych skoncentrowali się na podporządkowywaniu sobie Żmudzi. Obszar ten miał dla Krzyżaków strategiczne znaczenie, gdyż łączył ich ziemie z obszarem należącym do Kawalerów Mieczowych (Kawalerowie Mieczowi formalnie połączyli się z Krzyżakami w 1237 w jednym państwie, lecz zachowali na swoim terytorium oddzielną administrację).

Wschodnie plany Witolda

Witold po uzyskaniu realnej władzy na Litwie przystąpił do centralizacji Wielkiego Księstwa, odsuwając książąt dzielnicowych. Jego dalekosiężnym zamierzeniem było jednak zjednoczenie pod panowaniem litewskim całej Rusi. By tego dokonać, musiał pokonać Tatarów, którzy regularnie pustoszyli ziemie ruskie, a z wielu księstw ściągali coroczny haracz. Musiał także pokonać Księstwo Moskiewskie, które było najpoważniejszym konkurentem Litwy w jednoczeniu ziem ruskich.

Witold marzył o Wielkim Księstwie Litewskim sięgającym po Ural i Morze Kaspijskie. Dla realizacji tych planów gotów był poświęcić sojusz z Polską.

Pokój z Krzyżakami

W październiku 1398 r. bez porozumienia z Polską Witold zawarł na wyspie Salin pokój z Krzyżakami, oddając im formalnie Żmudź i uznając się lennikiem cesarza niemieckiego. Uzyskał obietnicę pomocy militarnej ze strony Krzyżaków w wyprawie przeciwko Tatarom, a potem przeciwko Moskwie.

Bitwa nad Worsklą

Latem 1399 r. wojsko Witolda wyruszyło na Wschód, wspierane przez posiłki krzyżackie dowodzone przez Markwarda von Salzbacha oraz polskie, które prowadził lenny pan Podola Spytko z Melsztyna. Bezpośrednim celem Witolda było obalenie tatarskiego chana Timura Kutłuka i zastąpienie go Tochtamyszem, protegowanym księcia litewskiego, gotowym zrezygnować z tatarskich roszczeń wobec Rusi.

12 sierpnia 1399 r. wyprawa poniosła klęskę w bitwie z Tatarami nad rzeką Worsklą. Zginął m.in. Spytko z Melsztyna oraz 74 książąt litewskich i ruskich. W wyniku

tej druzgocącej przegranej załamała się polityka wschodnia Witolda.

Wyprawa na Ruś Haliską

Z inicjatywy panów małopolskich królowa Jadwiga zorganizowała w roku 1387 wyprawę na Ruś Halicką, znajdującą się od 1372 pod zwierzchnictwem węgierskim (namiestnikiem z nadania Ludwika Andegaweńskiego był tam początkowo książę Władysław Opolczyk). W wyniku tej wyprawy Królestwo Polskie odzyskało władzę zwierzchnią nad Rusią Halicką.

Unia wileńsko-radomska 1401

Po klęsce nad Worsklą Witold musiał przeformułować swoją politykę wobec Polski, decydując się na zawarcie unii będącej kompromisem między jego dążeniami do zapewnienia Litwie niezależności a polskimi dążeniami inkorporacjonistycznymi. Układ wynegocjowany w Wilnie w styczniu 1401 r. jeszcze w tym samym miesiącu został zatwierdzony przez bojarów litewskich, a w marcu w Radomiu przez panów polskich.

W dokumencie tym znalazły się następujące ustalenia: Jagiełło przekaże Witoldowi dożywotnio władzę wielkoksiążęcą na Litwie, Witold zaprzysięgnie wierność Koronie Królestwa i będzie udzielał Polsce pomocy przeciwko wszystkim jej wrogom, w przypadku wcześniejszej śmierci króla polskiego jego następca nie będzie mógł być wybrany bez zgody Witolda i bojarów litewskich.

Unia wileńsko-radomska oznaczała uznanie suwerenności Litwy przez stronę polską przy jednoczesnym zachowaniu ścisłego związku obu państw.

Wielka wojna z Krzyżakami

Przyczyny wojny

Wojna Polski z zakonem krzyżackim była na początku XV wieku nieuchronna. Coraz silniejsze było bowiem wśród polskiej szlachty dążenie do odzyskania Pomorza Gdańskiego, co wiązało się z interesem gospodarczym – chęcią wykorzystania coraz lepszej koniunktury w Europie zachodniej dla polskiego zboża. Kolejnym czynnikiem wiodącym do konfrontacji była obawa szlachty wielkopolskiej, że niebawem ekspansja krzyżacka może dotknąć ziemie nad Notecią. Ponadto Litwa dążyła do odzyskania Żmudzi, znajdującej się pod panowaniem krzyżackim. W roku 1409 na Żmudzi wybuchło powstanie antykrzyżackie, któremu od razu udzielił pomocy Witold.

Zjazd możnowładztwa polskiego w Łęczycy

W Polsce ujawniły się dwa stanowiska wobec ewentualnej wojny z Krzyżakami: możnowładcy wielkopolscy opowiadali się za wojną, natomiast część panów małopolskich była jej przeciwna, biorąc pod uwagę poparcie, jakim zakon cieszył się w cesarstwie i u papieża. Ostatecznie na zjeździe w Łęczycy latem 1409 r. zwyciężyła opcja wojenna. Na wieść o ustaleniach zjazdu łęczyckiego wielki mistrz zakonu krzyżackiego Ulrich von Jungingen 6 sierpnia 1409 roku wypowiedział Polsce wojnę.

Początek działań wojennych i sojusznicy obu stron

Działania wojenne rozpoczęły się od spustoszenia i zajęcia przez Krzyżaków ziemi dobrzyńskiej, obie strony uznały jednak, że nie są jeszcze gotowe do działań na większą skalę i 8 października 1409 r. zawarły rozejm, obowiązujący do 24 czerwca 1410 r.

Krzyżakom udało się przed wybuchem wojny pozyskać licznych sojuszników: króla Węgier Zygmunta Luksemburskiego, króla Czech Wacława IV, książąt zachodniopomorskich Świętobora i Bogusława, księcia oleśnickiego Konrada Białego.

Jagiełło powołał pod broń swoich lenników – książąt mazowieckich Janusza I i Siemowita IV oraz hospodara mołdawskiego Aleksandra. Poczynił także zaciągi najemników wśród rycerstwa z Czech, Moraw i Śląska. Z dworu Zygmunta Luksemburskiego powrócił do kraju słynny polski rycerz Zawisza Czarny. Również Krzyżacy zaciągnęli w Czechach i na Śląsku kilka tysięcy najemników.

Polskie pospolite ruszenie zebrało się w czerwcu 1410 r. w okolicy Wolborza i 30 czerwca przeprawiło się pod Czerwińskiem przez Wisłę po moście pontonowym. Nad Narwią doszło do połączenia z siłami litewsko-ruskimi Witolda i wspólna armia przekroczyła 9 lipca granicę państwa krzyżackiego.

Bitwa pod Grunwaldem

Do spotkania z armią krzyżacką doszło pod Grunwaldem 15 lipca 1410 roku Siły krzyżackie liczyły około 20 tys. rycerzy, a polsko-litewskie około 30 tys. Naczelne dowództwo armii polsko-litewskiej sprawował Władysław Jagiełło, którego wspomagała rada złożona z ośmiu dostojników koronnych. Wojskami litewsko-ruskimi, ustawionymi na prawym skrzydle, dowodził osobiście wielki książę Witold, a lewym skrzydłem dowodził miecznik krakowski Zyndram z Maszkowic. Krzyżaków poprowadził do boju wielki mistrz Ulrich von Jungingen.

Podczas bitwy przez chwilę zagrożone było życie króla, który obserwował pole walki ze wzgórza. Zaatakowali go niespodziewanie Krzyżacy, ale z opresji wybawił go młody sekretarz Zbigniew z Oleśnicy.

Krzyżacy ponieśli pod Grunwaldem miażdżącą klęskę, na polu walki zginął wielki mistrz, a także wszyscy najwyżsi dostojnicy zakonni. Oddziały polsko-litewskie zdobyły działa, chorągwie krzyżackie oraz zapasy żywności i wina.

Oblężenie Malborka i dywersja Zygmunta Luksemburskiego

25 lipca wojsko polsko-litewskie zjawiło się pod murami Malborka, stolicy państwa krzyżackiego. Obroną kierował komtur Świecia Henryk von Plauen. Oblegającym, którzy dysponowali głównie konnicą, nie udało się sforsować murów. Ponadto w skarbcu zabrakło pieniędzy na wypłatę żołdu żołnierzom zaciężnym. W tej sytuacji 19 września przerwano oblężenie malborskiej twierdzy.

W październiku 1410 r. na ziemię sądecką wtargnęły oddziały Zygmunta Luksemburskiego, zostały jednak stamtąd szybko wyparte i rozbite pod Bardejowem na Słowacji.

Pokój toruński 1411

9 grudnia 1410 r. strony polsko-litewska i krzyżacka zawarły rozejm. Rokowania pokojowe toczyły się w Toruniu. 1 lutego 1411 r. podpisany został traktat pokojowy, zawierający następujące postanowienia: ziemia dobrzyńska wróciła do Polski, Żmudź została oddana Litwie na okres życia Jagiełły i Witolda, zakon krzyżacki zobowiązał się wypłacić stronie polskiej 100 tys. kop groszy praskich jako koszt wykupu jeńców wojennych.

Zwycięstwo pod Grunwaldem nie zostało wykorzystane politycznie: zakon krzyżacki pozostał potęgą militarną nad Bałtykiem, Królestwo Polskie nie odzyskało dostępu do morza.

Stosunki z Zygmuntem Luksemburskim

Traktat w Lubowli

W marcu 1412 r. doszło do zwrotu w stosunkach między Władysławem Jagiełłą a Zygmuntem Luksemburskim: podpisany został traktat w Lubowli, określający warunki przymierza polsko-węgierskiego. Ruś Halicka i Podole, o które toczyła się rywalizacja, miały pozostać przy Królestwie Polskim do końca życia Zygmunta i Jagiełły i jeszcze przez pięć lat po śmierci obu władców. Później o przynależności państwowej tych ziem miał rozstrzygnąć sąd polubowny. Hospodar mołdawski pozostał pod zwierzchnictwem Polski, ale był zobowiązany nieść pomoc Zygmuntowi w walce z Turkami.

Konsekwencją tego traktatu było zerwanie sojuszu Zygmunta Luksemburskiego z Krzyżakami. Zygmunt stał się natomiast za zgodą Jagiełły rozjemcą w dalszym sporze Polski z zakonem krzyżackim.

Przekazanie Polsce miast na Spiszu

W listopadzie 1412 r. Zygmunt przekazał Królestwu Polskiemu jako zastaw 13 miast leżących na Spiszu i wchodzących do tej pory w skład autonomicznej wspólnoty miast saskich na Spiszu. Do tej liczby dodał jeszcze trzy miasta królewskie: Lubowlę, Podoliniec i Gniazda. W zamian otrzymał 37 tys. kop groszy praskich z sumy, którą Krzyżacy zobowiązali się wypłacić Polsce w ramach odszkodowań wojennych. Miasta spiskie pozostały przy Polsce aż do roku 1769.

Unia w Horodle 1413

Akty tej unii, zacieśniającej związek między Polską a Litwą, zostały wystawione przez Jagiełłę i Witolda na zjeździe panów polskich i litewskich. Wprawdzie znalazło się w nich propagandowe sformułowanie o inkorporacji Litwy do Królestwa Polskiego, lecz szczegółowe zapisy wskazywały na umocnienie samodzielności Wielkiego Księstwa Litewskiego.

W dokumentach unii znalazły się następujące zapisy:

- Litwa również po śmierci Witolda będzie miała odrębnego władcę z tytułem wielkiego księcia; będzie on wyznaczany przez króla po zasięgnięciu rady panów świeckich i duchownych obydwu państw,

- król polski będzie wybierany po śmierci Jagiełły za wspólną zgodą wielkiego księcia litewskiego i panów litewskich,

- bojarzy litewscy, którzy przeszli na wiarę katolicką, zostali zrównani w prawach ze szlachtą polską; wyrazem zbratania elit obu krajów było nadanie czterdziestu siedmiu rodom litewskim herbów polskiej szlachty,

- na Litwie utworzono (na wzór Polski) dwa województwa – wileńskie i trockie – oraz odpowiadające im kasztelanie,

- zapowiedziano wspólne zjazdy szlachty polskiej i litewskiej.

Unia horodelska utwierdziła odrębność państwową Litwy, a jednocześnie podkreśliła jej związek z Polską poprzez wspólnego monarchę oraz wspólne oddziaływanie szlachty polskiej i litewskiej na kształt ustrojowy obu państw.

Przywileje szlacheckie Władysława Jagiełły

Przywilej czerwiński – 1422

Szlachta uzyskała nietykalność majątkową, co oznaczało, że jej majątki nie mogły być konfiskowane bez prawomocnego wyroku sądowego. Zakazano także łączenia stanowisk sędziego ziemskiego i starosty (zasada rozdzielności władzy sądowniczej i wykonawczej). Król nie mógł bić monety bez zgody Rady Królewskiej.

Przywilej ten szlachta wymogła na królu w obozie wojskowym pod Czerwińskiem przed wojną z Krzyżakami.

Przywilej warcki – 1423

Szlachta uzyskała prawo przymusowego wykupu ziemi od krnąbrnych sołtysów, co umożliwiło powiększanie folwarków szlacheckich w obliczu coraz lepszej europejskiej koniunktury na zboże. Po raz pierwszy wojewodowie uzyskali prawo do ustalania cen maksymalnych na wyroby rzemieślnicze (taksy wojewodzińskie, potwierdzone później w przywileju piotrkowskim w r. 1496)

Przywilej jedlneńsko-krakowski – 1430-1433

Szlachta uzyskała nietykalność osobistą, to znaczy żaden szlachcic nie mógł być uwięziony bez prawomocnego wyroku sądowego (*Neminem captivabimus nisi iure victum*). W zamian za nadanie tego przywileju szlachta zaakceptowała syna Władysława Jagiełły, Władysława III, jako następcę tronu polskiego.

Władysław III Jagiellończyk i unia z Węgrami

Rola kardynała Zbigniewa Oleśnickiego

Zjazd w Opatowie

Gdy umierał Władysław Jagiełło, jego starszy syn Władysław III Jagiellończyk miał dziesięć lat, a więc brakowało mu pięciu lat do wieku uznawanego wówczas w Polsce za tak zwany wiek sprawny, gdy mógł objąć samodzielne rządy. Na zjeździe dostojników małopolskich w Opatowie w czerwcu 1434 r. ustalono więc, że po koronacji małoletniego monarchy, która miała się odbyć od razu, władzę przejmie na pięć lat rada koronna. Czołową rolę odgrywał w niej ambitny kardynał Zbigniew Oleśnicki, najbliższy współpracownik zmarłego monarchy. U boku Władysława Jagiellończyka stał się on głównym twórcą polskiej polityki zagranicznej.

Rywalizacja z Luksemburgami

Główną ideą kardynała Oleśnickiego stało się przejęcie przez dynastię Jagiellonów sukcesji po Luksemburgach. Początkowo próbował ożenić Władysława Jagiellończyka z wnuczką Zygmunta Luksemburskiego Anną, córką Elżbiety Luksemburżanki i Albrechta Habsburga. Jednak wobec postawionych przez Zygmunta warunków (zwrot przez Polskę Węgrom Spiszu i Rusi Halickiej) kardynał starał się porozumieć z czeskimi husytami, walczącymi wówczas z Luksemburgiem.

Hospodarowie mołdawscy – Eliasz sprawujący władzę w północnej Mołdawii i Stefan panujący w południowej Mołdawii – złożyli Władysławowi w r. 1435 hołd lenny. Zapobiegło to możliwości politycznej ekspansji Luksemburgów na tym kierunku.

Oferta husytów i wyprawa polska do Czech

Po śmierci Zygmunta Luksemburskiego w r. 1437 tron czeski przejął jego zięć Albrecht Habsburg (Zygmunt w chwili śmierci był cesarzem rzymskim oraz królem Czech i Węgier). Opozycja husycka wysłała jednak zaproszenie do przejęcia tronu w Pradze do Kazimierza Jagiellończyka, młodszego syna Jagiełły. W kwietniu 1438 r. propozycję stronnictwa husyckiego zaaprobował zjazd polskiej szlachty i możnowładztwa w Nowym Korczynie. Decyzję tę podjęto mimo sprzeciwu kardynała Oleśnickiego, który nie chciał zbyt mocno wiązać Polski z ruchem husyckim.

W maju 1438 r. wyruszyła polska wyprawa, która miała osadzić na tronie praskim Kazimierza Jagiellończyka. Za Albrechtem Habsburgiem stanęli jednak nie tylko katolicy czescy, ale także Austria, Węgry i papiestwo. Polakom udało się opanować kilka czeskich miast, lecz we wrześniu 1438 r. zostali pokonani przez Albrechta w bitwie pod Żelenicami – i wycofali się na Śląsk.

Zabiegi o tron węgierski dla Władysława

W październiku 1439 r. Albrecht Habsburg niespodziewanie zmarł, wracając z wyprawy przeciwko Turkom. Pozostawił dwa wakujące trony: czeski i węgierski. Na tron czeski został wybrany bawarski książę Albrecht, natomiast o tron węgierski dla Władysława Jagiellończyka postanowił postarać się kardynał Oleśnicki. Był on zwolennikiem stworzenia szerokiej koalicji przeciwko Turkom, w której unia polsko-węgierska odgrywałaby kluczową rolę. Unia ta stwarzałaby ponadto szansę na rozstrzygnięcie spraw spornych, dotyczących Rusi Halickiej, Spiszu i Mołdawii.

Na Węgry z inicjatywy kardynała Oleśnickiego udało się polskie poselstwo, na którego czele stanęli kanclerz Jan Koniecpolski i kasztelan sądecki Piotr Kurowski. W wyniku przeprowadzonych przez nich rozmów w styczniu 1440 roku sejm węgierski ofiarował koronę św. Stefana Władysławowi Jagiellończykowi.

Porozumienie w Bratysławie

Po przybyciu Władysława na Węgry rozgorzała tam wojna domowa między jego zwolennikami a stronnikami Elżbiety Luksemburżanki, wdowy po Albrechcie Habsburgu, która w lutym 1440 urodziła syna. Konflikt załagodzono dzięki mediacji papieża Eugeniusza IV. Zgodnie z porozumieniem Władysława Jagiellończyka z Elżbietą, podpisanym w sierpniu 1442 r. w Bratysławie, miał on sprawować władzę na Węgrzech do osiągnięcia pełnoletniości przez Władysława Pogrobowca, nowo narodzonego syna Elżbiety.

Wojna z Turcją

Wojna rozpoczęła się w październiku 1443 r., na czele wojsk węgierskich stanął Janos Hunyady, przybyli nieliczni ochotnicy z Polski oraz posiłki z Serbii. Początkowo armia węgierska odnosiła sukcesy na Bałkanach: zdobyła Sofię, pokonała oddziały tureckie w bitwie pod Zlaticą. W lutym 1944 r. król Władysław powrócił do Budy z wyprawy, w czerwcu zawarto z Turcją w Adrianopolu dziesięcioletni rozejm. Sułtan zobowiązał się w nim zwrócić Węgrom wszystkie zagrabione terytoria, osadzić na tronie w Serbii węgierskiego sojusznika oraz wypłacić wysokie odszkodowanie wojenne.

Jesienią 1444 r. Władysław Jagiellończyk pod naciskiem legata papieskiego kardynała Juliusza Cesariniego złamał rozejm i wyruszył przeciwko Turkom. Tym razem do wojny nie włączyła się Serbia, zbojkotowała ją również część możnowładców węgierskich. Po stronie króla stanął Janos Hunyady oraz hospodar wołoski Wład II Dracul.

Celem wyprawy miało być zdobycie Adrianopola, ówczesnej stolicy Turków osmańskich. Siły sułtana przeprawiły się do Europy przez cieśninę Bosfor, do decydującej bitwy doszło pod Warną 10 listopada 1444 r. Podczas ataku na obóz janczarów poległ król Władysław Jagiellończyk. W konsekwencji rozpadła się unia polsko-węgierska, legły także w gruzach papieskie plany wyparcia Turków z Europy i odsunięcia zagrożenia od Konstantynopola.

Kazimierz Jagiellończyk i wojna trzynastoletnia

Bezkrólewie i warunki Kazimierza

Zjazd w Sieradzu

Bezkrólewie po Władysławie Jagiellończyku trwało prawie trzy lata. Koronę możnowładcy polscy chcieli przekazać bratu zmarłego monarchy, Kazimierzowi Jagiellończykowi – na zjeździe w Sieradzu w kwietniu 1445 r. obwołali go królem polskim. Kazimierz zwlekał jednak z przyjęciem tej oferty, chcąc uzyskać jak najkorzystniejsze warunki objęcia tronu w Krakowie.

Kazimierz jako wielki książę litewski

Od roku 1440 Kazimierz był wielkim księciem litewskim. Został nim po zamordowaniu przez spiskowców wielkiego księcia Zygmunta Kiejstutowicza, wybrany na ten urząd przez panów litewskich, wśród których czołową rolę odgrywał kniaź Jerzy Holszański. Zerwaniu uległa wtedy unia polsko-litewska, gdyż Kazimierz był na Litwie władcą w pełni suwerennym.

Okoliczności koronacji

Rozważając kwestię przyjęcia korony polskiej, domagał się zagwarantowania Litwie w pełni samodzielnego statusu, nienaruszalności jej terytorium oraz ograniczenia w Królestwie Polskim wpływów kardynała Zbigniewa Oleśnickiego. Możnowładcy polscy na zjeździe w Piotrkowie w 1446 r. obwołali królem księcia mazowieckiego Bolesława IV z zastrzeżeniem, że obejmie on tron w wypadku ostatecznej rezygnacji Kazimierza. Ten swego rodzaju szantaż spowodował, że we wrześniu 1446 r. Kazimierz udzielił odpowiedzi pozytywnej, a w czerwcu 1447 r. odbyła się jego koronacja w katedrze na Wawelu – koronę włożył mu arcybiskup gnieźnieński Wincenty Kot.

Upadek kardynała Oleśnickiego

Z powodu konfliktu z królem Zbigniew Oleśnicki zrezygnował w r. 1452 z udziału w pracach rady królewskiej. Jego zwolennicy spośród szlachty małopolskiej wywołali kryzys, grożąc Kazimierzowi nawet detronizacją. W tej sytuacji król na zjeździe w Piotrkowie w czerwcu 1453 roku potwierdził przywileje szlacheckie (czego nie zrobił przy okazji koronacji), zobowiązał się również, że Litwy i ziem ruskich nie odłączy od Polski. Oba państwa miały być połączone jedynie osobą władcy, zachowując pełną suwerenność i odrębności ustrojowe. Dzięki tej deklaracji Kazimierz zażegnał kryzys, a kardynał Oleśnicki wycofał się z życia politycznego.

Przyczyny wojny z zakonem krzyżackim

Polityka fiskalna Krzyżaków

Po klęsce zakonu krzyżackiego pod Grunwaldem pogorszyły się jego stosunki ze szlachtą pruską oraz miastami leżącymi na terenie państwa zakonnego. Główną tego przyczyną była polityka fiskalna zakonu. Posiadaczy majątków ziemskich zmuszano do płacenia wyższych świadczeń na rzecz zakonu. Wprowadzono ponadto prawo zezwalające na konfiskowanie tych majątków w przypadku braku męskiego dziedzica. Szlachta pruska skarżyła się również na nadużycia wymiaru sprawiedliwości – komturowie nie dopuszczali do składania apelacji u wielkiego mistrza.

Dla kupców szczególnie dolegliwy był system wydawania za wysoką opłatą zezwoleń na eksport zboża, a także utrzymywanie komór celnych w portach. Z kolei rzemieślnicy cechowi byli zagrożeni konkurencją ze strony tak zwanych partaczy, czyli rzemieślników nienależących do cechów, których Krzyżacy osiedlali na przedzamczach. Partacze zaniżali ceny i obniżali jakość produkowanych wyrobów.

Krzyżacy a samorząd miejski

Krzyżacy nie szanowali samorządu miejskiego i często ingerowali w jego kompetencje, w tym w wybór władz miejskich. Na tym tle Królestwo Polskie wydawało się mieszczanom wzorem praworządności. Nie bez znaczenie w poszukiwaniu wsparcia ze strony Polski był także fakt, iż mieszkańcy Prus dostrzegali korzyści gospodarcze z silniejszych więzi z Polską jako dużym rynkiem zbytu dla towarów rzemieślniczych i spichlerzem zbożowym.

Związek Pruski

W marcu 1440 r. na zjeździe w Kwidzynie antykrzyżacko nastawieni przedstawiciele szlachty i miast pruskich, z ziemi chełmińskiej, Pomorza Gdańskiego, Powiśla (okręgi Elbląg, Dzierzgoń i Ostróda) oraz Warmii, utworzyli Związek Pruski. Organizacja ta zapowiedziała walkę stanów pruskich o udział we władzy oraz o zreformowanie państwa krzyżackiego w duchu świeckim. Zakon krzyżacki odpowiedział na ukształtowanie się oficjalnej opozycji nasileniem represji.

W lutym 1454 r. Związek Pruski wysłał do Krakowa wielkie poselstwo, które złożyło na ręce Kazimierza Jagiellończyka uroczystą prośbę o wcielenie całych Prus do Królestwa Polskiego.

Akt inkorporacyjny

6 marca 1454 r. Kazimierz wystawił stanom pruskim przywilej inkorporacyjny, w którym stwierdzał przejęcie pod swoją władzę całości ziem pruskich i wcielenie ich do Królestwa Polskiego, przy jednoczesnym zapewnieniu Prusom szerokiej autonomii oraz zniesieniu wprowadzonych przez Krzyżaków obciążeń fiskalnych.

Ten dokument oznaczał w praktyce wypowiedzenie wojny zakonowi krzyżackiemu, tym bardziej że przedstawiciele stanów pruskich zgromadzeni w kwietniu 1454 roku w Toruniu złożyli królowi polskiemu przysięgę wierności.

Przywileje cerekwicko-nieszawskie – 1454

Szlachta wielkopolska zgromadzona na pospolite ruszenie przeciwko Krzyżakom w obozie pod Cerekwicą wymogła na królu ogłoszenie przywileju, który miał wzmocnić samorząd szlachecki. Szlachta miała ważny atut przetargowy: została zwołana na wyprawę poza granice kraju.

Przywilej cerekwicki

Znalazłszy się pod presją pospolitego ruszenia Kazimierz ogłosił przywilej cerekwicki, w którym znalazły się następujące zobowiązania: bez zgody sejmiku ziemskiego król nie będzie zwoływał pospolitego ruszenia, nie będzie powierzał urzędu starosty wyższym urzędnikom ziemskim, przy obsadzie urzędów w większym niż dotychczas stopniu będzie uwzględniał Wielkopolan.

Przywilej wydany w Cerekwicy był przywilejem partykularnym, gdyż dotyczył szlachty tylko z jednej ziemi – Wielkopolski.

Statuty nieszawskie

Po klęsce w bitwie pod Chojnicami szlachta małopolska zgromadzona w obozie pod Nieszawą zagroziła, że wycofa się z dalszej walki z zakonem krzyżackim, jeżeli król nie wyda i jej przywileju. W tej sytuacji Kazimierz zdecydował się wystawić w listopadzie 1454 r. tak zwane statuty nieszawskie, czyli przywileje osobno dla Małopolski, Wielkopolski i ziemi sieradzkiej, jednocześnie odwołując przywilej cerekwicki.

Najważniejsze zapisy w statutach były wspólne dla wszystkich ziem: bez zgody sejmików ziemskich król nie będzie zwoływał pospolitego ruszenia ani ustalał nowych podatków, bez zgody sejmików nie będą ustanawiane żadne nowe prawa ani instytucje.

Wprowadzenie w życie statutów nieszawskich oznaczało wejście Królestwa Polskiego w proces kształtowania się demokracji szlacheckiej.

Przebieg wojny trzynastoletniej

Bitwa pod Chojnicami

Pierwszą bitwą stoczoną przez polskie pospolite ruszenie, wspierane przez szlachtę pruską, była bitwa pod Chojnicami we wrześniu 1454 roku Strona polsko-pruska wystawiła 16 tys. jazdy i kilkuset żołnierzy piechoty, wspomaganych przez 2 tys. wojsk najemnych. Krzyżacy wystawili 9 tys. konnych i 6 tys. piechoty, przy czym byli to głównie żołnierze zaciężni ze wschodniej części Niemiec.

W trakcie bitwy do walki włączyła się załoga zamku krzyżackiego w Chojnicach, dokonując niespodziewanego wypadu na tyły wojsk polskich. Ten manewr przesądził o zwycięstwie krzyżackim, wywołując panikę w oddziałach polskich – wielu uciekających utonęło w okolicznych bagnach. Krzyżacy przejęli polskie tabory, sygnet królewski i pieczęcie z królewskiej kancelarii. Król ze swoim otoczeniem opuścił pole bitwy i schronił się w północnej Wielkopolsce.

Pod Chojnicami zginęło po stronie polskiej co najmniej 3 tys. ludzi, około 300 rycerzy dostało się do niewoli krzyżackiej, w tym wojewoda poznański Łukasz Górka. Straty krzyżackie oceniono na około stu rycerzy. Bitwa chojnicka ukazała niską wartość bojową szlacheckiego pospolitego ruszenia, a szczególnie jego nieprzydatność do zdobywania zamków warownych i fortyfikacji.

Zajęcie Malborka

W sierpniu 1456 r. dowódca wojsk zaciężnych zakonu krzyżackiego Oldrzich Czerwonka zawarł w Toruniu porozumienie w sprawie wykupu przez stronę polską zamków krzyżackich, w tym Malborka. W zamkach tych stacjonowały załogi zaciężne, które nie były opłacane z powodu trudności finansowych zakonu. W czerwcu 1457 r. zamek malborski został oddany Polsce, wykupiono także Tczew i Iławę. W sumie za te trzy zamki zapłacono 190 tys. złotych. 8 czerwca Kazimierz Jagiellończyk uroczyście wjechał na zamek malborski.

Po zajęciu Malborka Kazimierz wydał przywileje dla Gdańska, Elbląga i Torunia. Uzyskał dzięki temu od mieszczaństwa pruskiego fundusze na tworzenie wojska zaciężnego.

Świecin i Zalew Wiślany

Do r. 1461 przewagę w polu miały wojska krzyżackie. Pierwsze ważne zwycięstwo odniosły siły polskie we wrześniu 1462 r. pod Świecinem nad Jeziorem Żarnowieckim. Oddziałami polskimi dowodził wtedy podkomorzy sandomierski Piotr Dunin.

We wrześniu 1463 r. doszło do bitwy morskiej na Zalewie Wiślanym, w której około trzydziestu okrętów gdańskich i elbląskich otoczyło flotyllę krzyżacką i rozbiło ją, stosując abordaż oraz ostrzał z kusz i rusznic.

Drugi pokój toruński – 1466

Prusy Królewskie

Na mocy postanowień pokoju toruńskiego, który został zaprzysiężony przez Kazimierza Jagiellończyka i wielkiego mistrza krzyżackiego Ludwika von Erlichshausena w październiku 1466, Polska odzyskała Pomorze Gdańskie, ziemię chełmińską z Toruniem oraz ziemię michałowską, otrzymała również biskupstwo warmińskie i północno-zachodnią część Prus z Malborkiem, Elblągiem, Tolkmickiem i Dzierzgoniem. Ziemie te zostały inkorporowane przez Królestwo Polskie.

Ziemie wcielone do Polski, zwane od tej pory Prusami Królewskimi, uzyskały szeroki samorząd terytorialny. Dzięki przywilejom dla miast pruskich nastąpił ich szybki rozwój gospodarczy.

Prusy Zakonne

Pozostałe tereny państwa krzyżackiego pozostały przy zakonie, stały się jednak jako Prusy Zakonne lennem Królestwa Polskiego. Każdy nowo wybrany mistrz zakonu miał obowiązek złożyć w ciągu sześciu miesięcy przysięgę wierności królowi polskiemu – i od tego momentu stawał się członkiem rady królewskiej. Zakon krzyżacki musiał udzielać Królestwu Polskiemu pomocy zbrojnej.

Monarchia stanowa w Polsce

Władza polityczna w monarchii stanowej

Po rozbiciu dzielnicowym zaczęła się w Polsce kształtować nowa forma ustrojowa – monarchia stanowa, która zastąpiła monarchię patrymonialną. Istota tej przemiany polegała na tym, że państwo przestało być traktowane jako prywatna własność dynastii panującej, a stało się instytucją oddzieloną od osoby władcy. Do tej ewolucji przyczyniła się polityczna emancypacja możnowładztwa, które dzięki książęcym nadaniom, immunitetom i przywilejom przeistoczyło się w siłę polityczną, z której zdaniem monarcha musiał się liczyć.

Korona Królestwa Polskiego

W monarchii stanowej władzę sprawował król wraz z reprezentacją stanu szlacheckiego i duchownego, skupioną w radzie królewskiej. Tworzyli ją najwyżsi dostojnicy: arcybiskup gnieźnieński, biskupi krakowski, poznański i włocławski, kanclerz, podkanclerzy, podskarbi, marszałek, wojewodowie, kasztelanowie oraz starostowie generalni. Do użycia weszło (spotykane już w dokumentach z czasów Ludwika Andegaweńskiego) określenie *Corona Regni Poloniae* – Korona Królestwa Polskiego na określenie państwa polskiego jako instytucji, jako najwyższego dobra społecznego.

Elekcyjność tronu

Po śmierci Kazimierza Wielkiego ukształtowała się zasada elekcyjności tronu polskiego. Elekcja dokonywana była przez możnowładztwo, a po niej miała miejsce koronacja składająca się z dwóch elementów: namaszczenia i przekazania insygniów władzy. Ceremonia koronacyjna odbywała się od czasów Władysława Łokietka zawsze w Krakowie, a przewodniczył jej arcybiskup gnieźnieński.

Sejmy

Monarcha zwoływał w miarę potrzeb sejmy walne, które wyrażały opinie możnowładztwa w sprawach ustawodawstwa, administracji i polityki zagranicznej. Miały one początkowo, do XV wieku, charakter wyłącznie doradczy, to znaczy ich zdanie nie było wiążące dla króla. W obradach zjazdów walnych mogła uczestniczyć także szlachta, jednak odgrywała na nich na ogół bierną rolę.

W XV wieku ukształtował się zwyczaj, iż sejm walny zbierał się raz w roku i obradował około dwóch tygodni. Miejscem obrad był Piotrków. Do kompetencji sejmu walnego zaliczano wypowiadanie wojny, zwoływanie pospolitego ruszenia, uchwalanie nowych podatków, a także przyjmowanie statutów, czyli zbiorów przepisów prawnych.

Funkcjonowały także zgromadzenia szlachty w poszczególnych prowincjach, zwane sejmami prowincjonalnymi lub generalnymi. Szczególne znaczenie odgrywały zgromadzenia szlachty małopolskiej i wielkopolskiej.

Sejmiki ziemskie

Za panowania Władysława Jagiełły uformowały się sejmiki ziemskie – były to zgromadzenia szlachty z danej ziemi, podejmujące decyzje w dziedzinie samorządu i lokalnego prawodawstwa, a także w kwestii udzielenia zgody na podatki wyższe niż ustalone w przywileju koszyckim.

Cechą charakterystyczną ustroju Polski w XV wieku było współistnienie sejmu walnego, sejmów prowincjonalnych i sejmików ziemskich. Nie były one podporządkowane hierarchicznie, działały równolegle.

Urzędy ziemskie

Powstały one z przekształcenia się dawnych dzielnicowych urzędów dworskich. Należały do nich urzędy wojewody, kasztelana, sędziego ziemskiego, podkomorzego oraz inne o znaczeniu wyłącznie honorowym.

Wojewoda stał na czele szlachty danej ziemi (województwa), dowodził pospolitym ruszeniem z tego obszaru, przewodniczył sejmikom ziemskim, nadzorował sądy ziemskie, sprawował wymiar sprawiedliwości wobec Żydów, kontrolował miary i wagi oraz określał tak zwane taksy wojewodzińskie.

Kasztelan prowadził na miejsce koncentracji pospolitego ruszenia szlachtę z danego okręgu, miał także kompetencje sądownicze w niektórych sprawach.

Sędzia ziemski rozstrzygał wszystkie sprawy cywilne szlachty i niektóre kryminalne, prowadził także akta zwane księgami ziemskimi. Pomagali mu podsędek i pisarz ziemski.

Podkomorzy rozstrzygał spory graniczne między właścicielami majątków szlacheckich.

Szlachta

Warunkiem przynależności do stanu szlacheckiego było posiadanie ziemi na prawie rycerskim. Własność szlachecka opierała się do XIV wieku na dobrach odziedziczonych lub uzyskanych jako nadanie, przy czym nadania ograniczały się do pojedynczych wsi. Dopiero Kazimierz Wielki zaczął nadawać klucze majątkowe, obejmujące wiele wsi. Władysław Jagiełło zapoczątkował zjawisko masowego zastawiania dóbr królewskich, by w ten sposób pozyskać środki finansowe na potrzeby państwa. W XV wieku zastawione królewszczyzny stały się podstawą wielu majątków możnowładczych.

Mimo zróżnicowania majątkowego wszyscy należący do stanu szlacheckiego z prawnego punktu widzenia byli sobie równi. Decydowały o tym przywileje szlacheckie, odnoszące się stanu jako całości: koszycki (1374), czerwiński (1422), warcki (1423), jedlneńsko-krakowski (1430-33), nieszawski (1454).

Szlachta stanowiła około 10% społeczeństwa Królestwa Polskiego.

Duchowieństwo

Duchowni od I połowy XIII wieku podlegali tylko sądom kościelnym. Od przywileju łęczyckiego, wydanego w roku 1180 przez Kazimierza Sprawiedliwego, byli zwolnieni od świadczeń na rzecz państwa.

Od początku XV wieku biskupem mógł zostać szlachcic lub osoba posiadająca tytuł uniwersytecki, natomiast wśród niższego duchowieństwa dość liczni byli synowie mieszczańscy i chłopscy.

W Królestwie Polskim istniało około 4 tys. parafii i około 200 klasztorów. Duchowieństwo dzieliło się na świeckie, pracujące w parafiach i zakonne. Szczególnie licznie reprezentowane były zakony benedyktynów, cystersów, franciszkanów, dominikanów i bernardynów.

Mieszczaństwo

Uprawnienia mieszczaństwa jako stanu w dziedzinie sądowej, skarbowej i administracyjnej określały przepisy prawa niemieckiego. Poza tym niektóre miasta otrzymały indywidualne przywileje.

Najwyższą warstwą mieszczaństwa był patrycjat, składający się z kupców i bankierów. Niżej od niego stało pospólstwo, tworzone przez rzemieślników i drobnych handlarzy.

Najniższe miejsce w tej hierarchii zajmował plebs, składający się z czeladników, służby, robotników najemnych.

Największym miastem na ziemiach polskich był Gdańsk liczący w XV wieku ponad 30 tys. mieszkańców. Poznań i Kraków miały po około 10 tys. mieszkańców, zdecydowana większość miast na obszarze Królestwa Polskiego liczyła nie więcej niż 3 tys. mieszkańców.

Mieszczaństwo było słabe i nie mogło stanowić przeciwwagi dla szlachty. Przywileje otrzymywały poszczególne miasta, a nie mieszczanie jako stan.

Chłopi

Najzasobniejszą warstwą chłopstwa byli kmiecie posiadający własne na ogół jednołanowe gospodarstwa. Niżej od nich znajdowali się w hierarchii zagrodnicy, uprawiający niewielkie działki ziemi. Najuboższą warstwą byli komornicy nieposiadający ziemi i wynajmujący się do pracy u bogatszych chłopów.

Chłopi dysponujący ziemią mieli obowiązek płacenia czynszu na rzecz właściciela ziemi i dziesięciny dla Kościoła.

Chłopom przysługiwała wolność osobista, z czego wynikało prawo do swobodnego opuszczenia wsi pod warunkiem wywiązania się ze świadczeń wobec pana – dopiero w XV wieku zostało ono uzależnione od zgody dziedzica.

System sądownictwa

Sądownictwo miało charakter stanowy: duchowieństwo odpowiadało przed sądami kościelnymi, szlachta w sprawach cywilnych przed sądami ziemskimi, a w sprawach karnych przed sądami grodzkimi. Mieszczanie odpowiadali przed sądami ławniczymi, orzekającymi według przepisów prawa magdeburskiego. Ludność chłopska we wsiach na prawie niemieckim sądzona była przez sądy ławnicze, którym przewodniczył sołtys, natomiast chłopi ze wsi na prawie polskim sądzeni byli przez pana wsi.

Specjalne miejsce w polskim systemie wymiaru sprawiedliwości zajmował sąd królewski: król był najwyższym sędzią, przed jego sąd można było wnieść każdą sprawę. Sąd królewski pełnił także funkcję instytucji odwoławczej od wyroków sądów pierwszej instancji.